先生归来兮

经亨颐，培养独立人格为先

经亨颐 柳亚子 等著

中国文史出版社

图书在版编目（CIP）数据

先生归来兮.经亨颐，培养独立人格为先 / 经亨颐
等著.—北京：中国文史出版社，2019.10

（百年中国记忆.教育家）

ISBN 978-7-5205-1284-8

Ⅰ.①先… Ⅱ.①经… Ⅲ.①经亨颐（1877-1938）
—纪念文集 Ⅳ.①K825.46-53

中国版本图书馆CIP数据核字（2019）第190649号

执行主编：张春霞
责任编辑：牛梦岳

出版发行：中国文史出版社

社　　址：北京市海淀区西八里庄69号院　邮编：100142

电　　话：010-81136606　81136602　81136603（发行部）

传　　真：010-81136655

印　　装：北京地大彩印有限公司

经　　销：全国新华书店

开　　本：710mm×1010mm　1/16

印　　张：15.5

字　　数：218千字

版　　次：2020年1月北京第1版

印　　次：2020年1月北京第1次印刷

定　　价：59.80元

经亨颐（1877—1938）

浙江两级师范学堂鸟瞰图

浙江两级师范学堂教师合影

> 经亨颐手书浙江一师校训。

勤∶时习、敏求、不厌不倦

慎∶慎言、慎行、寡尤寡悔

诚∶真实、无妄、成己成物

恕∶己所不欲勿施于人、尽己及人

经亨颐为浙江省立第一师范学校题写校训

浙江省立第一师范学校教学楼

春晖中学全景

1927 年 3 月 10 日，国民党第二届中央执行委员会第三次全体会议合影，前排右二为经亨颐

目 录

第 一 辑

家世与简介

经亨颐先生传

范寿康

  经先生亨颐，字子渊，号石禅，晚号颐渊。浙江上虞人。经氏世居驿亭，为上虞望族。先生生于清光绪三年，岁次丁丑（1877 年）。时科举未废。稍长，入塾攻习制艺，兼及诗文。颖悟异常，才气逾人。暇好篆刻、治印，虽伤指从未中辍。先生年十八，适逢甲午（光绪二十年，1894 年）之役，我国为日本所战败，慨然兴舍家救国之志。冬初，袁夫人来归。岁末又逢父丧。此后旅游申江，寄寓伯父元善（字莲珊）先生家。元善先生，属当时所谓维新派，主变法图强，所交皆一时才俊。时任首任电报局总办，对于我国电报通信之创建多有贡献。先生居伯父家，见闻大广。1898 年，戊戌政变爆发，六君子殉难，慈禧并有废光绪帝，立大阿哥（端郡王载漪子溥儁）之意。元善先生感朝政日非，集沪上同志五十余人联名电争，先生亦列名电末。慈禧大怒，诏令严缉。先生随伯父获葡人庇护，避难澳门（事载上海通志及清史纲要等书）。后庚子（1900 年）乱起，联军入京，慈禧仓皇西走。事懈，始得安然归乡。先生鉴于国势日危，拟赴日留学，借图报效。其母杨太夫人嘉其志，鬻田筹款玉成之。杨太夫人为人慈祥通达，素为乡里所敬仰。当时负笈东渡者众，先生后与许寿裳（字季茀，鲁迅好友）、钱家治（字钧夫，钱学森氏之尊翁）、陈衡恪（字师曾，陈三立氏长公子）等同入东京高等师范学校，专攻教育与数理。计时八年，始告毕业。留东期间曾与孙中山、廖仲恺等诸革命前辈相结识，并与同乡友蒋百里、高子白、范高平、叶墨君等称莫逆交。光绪季年（1905年），废科举，兴学堂。浙省创设两级师范学堂于杭州贡院旧址，聘先生任教务长，擘画周详，规模宏远。辛亥武昌起义，各省响应。监督徐定超（字班侯）归温州，由先生代主校务，并参加革命运动。未几，杭州光复，成立浙江军政府，推先生主持教育行政。事定后，民国元年（1912年），先生正式被任为浙江两级师范学校校长，因即辞去政务，专心办学。民国二年（1913年），旋改学制，易称浙江省第一师范学校。先生仍旧职，治斯校，不引用私人，不染指公帑，聘良师，久其任，以勤慎诚恕四字为校训，砥砺诸生，成效卓著。考该校当时之所以闻名全国，绝非偶然。主要原因约有四端。一因校址系贡院旧址，甚为宽广。二因图书设备仍袭两级师范之后，比较完备。三因先生办学有方，领导正确。先生主持教育，一本生平所谓"人格教育"之主张，以身作则，刚正不阿，精神大公，思想开明，注重感化与启发，反对保守与压制。对于学生，因材施教，辅导其自动、自由、自治与自律，不加硬性拘束。对于课程，主张全面发展，自文学、艺术、科学、数学以至体育、运动，无不注重。举凡陶铸个人身心各方面之知、德、体、美、群五育，无所不包，而目标则在于培养正直、坚强、学识兼备之人才，为国家服务。四因先生知人善任，尊师敬贤，所聘教员皆一时之选，如所谓四大金刚，刘大白、夏丏尊、陈望道、李次九诸氏，学问渊博，思想前进，俱系社会知名之士。又如李叔同氏（即日后离校出家之弘一法师）之于图画与音乐，堪称当时艺术界之巨擘。其他师资亦大都卓然有立，视校务如家务，视学生如子弟，专心教学，忠勤尽责。基此四因，在五四运动（1919 年）前后，浙江第一师范在先生主持下，成为浙江新文化运动之中心。青年学生慷慨激昂，共对封建旧道德与封建旧文化予以抨击与排斥。进步刊物《浙江新潮》，因内容更为急进，遂触反动军阀与当局之忌。先生因而被迫去职。此民国八年（1919 年）间事也。先生主办两级师范及第一师范先后凡十有三年，不仅对于全浙学风起领导、示范之作用，毕业弟子中，人才济济，蔚为国用。其著名者，如杨贤江、宣中华、汪寿华、叶天底等之于党务与政治，如丰子恺、潘天寿等之于文艺与国画，如何明斋、王隐秋等之于工艺，如刘质平、袁一洪等之于音乐，皆卓然有立，或为国捐躯，或自成一家。其余门生亦皆致力于全浙小学教育或教育行政，贡献极大。

民国成立不久，浙江省教育会亦告成立。先生被选为会长。以无会所，乃发起募建，先生主持其事，先向上虞耆商陈春澜氏捐银一万元，次向当时总统黎元洪氏捐银一万元，再向各方面劝募若干，乃就杭垣浣沙溪边，兴建巨厦，颜曰浙江教育会。今犹巍然屹立平海桥畔（现改充杭市总工会会所）。

先生离开浙江第一师范后，渴望创办一所私立学校以求贯彻教育必须适应潮流（指五四运动之新精神）之主张。先生痛恨封建军阀之倒行逆施，力主支持广大师生之进步言行。乃返回故乡上虞，获乡先辈王佐（字寄庼）氏之赞助，同向上虞富商陈春澜氏建议，筹设中学。陈氏慨捐银圆二十万元，以十万元建造校舍，置办设备，十万元购买股票，作为基金。1919 年 12 月，校董会成立，翌年 1 月，推王佐氏为董事长，先生为校长，筹备建校事宜。先生立即勘定上虞白马湖畔为校址。此地湖光山色，如入画图，可称办学胜地。1922 年秋季举行招生，12 月举行开校典礼。

春晖根据先生之意见，不向军阀政府立案，并切实贯彻"反对旧势力，建立新学风"之主张。1923 年即招收女生，开浙省男女同校之先声。学校自订学则，在管理制度、教学内容、教学方法等方面俱有不少革新之处。学校组织协治会，实施民主管理。在教学上，既重文理各科之教学，亦注意学生在体育、美育等方面之发展。春晖之创办确曾在全国教育界引起轰动。四方学子多远道前来就读。而国内知名之士，如夏丏尊、朱自清、杨贤江、朱光潜、匡互生、丰子恺、刘薰宇、赵廷为、王任叔、毛路真、张孟闻等，先后皆来任教。又如弘一法师亦在校旁山脚建筑"晚晴山房"从事静修与著作。白马湖上之新兴学府一时大放光辉。两三年间学生激增至 300 余人。在先生主持下，春晖不但有崭新之学风，且一向具有旺盛之斗争精神。举凡如爱国、抗日、支持革命等运动，师生几乎无役不与，不计牺牲。如今春晖创立已逾六十周年。迭经战乱，弦歌迄未中辍。造就青年近 8000 人，对于国家社会作出相当贡献。先生创建、经营之功实不可没。

又在先生主持春晖校务期间，曾于西齐岙山麓长松之下筑室自住，号"长松山房"。同时，驿亭故居，房屋宽大，花木扶疏，辟为"大同医院"，并将全部田产捐出，作为基金，以嘉惠地方。院务聘崧厦俞怡园氏负责主持。足见先生一生，博爱为怀，公而忘私，在在以民间疾苦、社会福利为念（大同医院惜已停办）。

1925 年，先生暂兼宁波浙江第四中学校长，一载去职。1927 年，广州国民政府任戴季陶氏为国立中山大学（由前广东大学改称）首任校长。当时系第一次国共合作时期，戴氏因参加西山会议，故不敢就职，乃更任先生为副校长，代行校长职务。抵粤后因张人杰氏专横反动，遇时掣肘，不久即行去职。乃出韶关，越庾岭，循赣江，转武汉，回归故里。此先生一生从事教育事业之概略也。

民国十五六年间，先生年已五十，始习画。初画竹，次梅、兰、水仙以及松、石等，皆不畏霜雪、能耐岁寒之清品，以自见其风格。放笔写意，气势超拔，一如其人。先生素擅书法，得力于爨宝子碑，又善治印，故移笔作画，无师自通。自是在海上结合同道，常为雅集，命名曰"寒之友社"。社址设上海法租界。社员中有何香凝、陈树人、于右任、黄宾虹、张善子、张大千、潘天寿、丰子恺、李祖韩等多人。风雨泼墨、诗酒联欢。惟如此闲情逸致亦无几时，继又南北奔走，驰驱政途，终不得志。既复优游汉皋，终乃迁居京畿，身任国府委员，仍只空悬名义，无所事事。常与何香凝、陈树人、于右任诸氏往来，服膺中山生前遗教，为国民党左派人士之中坚。间尝提一教育主张，立即实施普及教育，然卒未被采用。1934年左右，先生出任教育部部长之呼声甚高，然终未实现。盖国民党中握实权者多系保守分子，开明、前进者往往易受排挤也。溯自民国十五年（1926年）后，与其谓先生行事为政治生涯，毋宁谓为艺术生涯，盖其与政治，终格格不入，而于艺术，却建树甚大焉。

1937年丁丑，先生重逢花甲，影印篆刻及诗、书、画墨迹，成一函，曰《经颐渊金石诗书画合集》，凡三册，行世。同年先生嘱姜丹书、潘天寿、姜卿云三氏，在西湖岳坟东山山麓为其购得山地五六亩，自行设计作图，鸠工造屋，定为"寒之友社"社址。先生本意，欲公诸地方，永为文艺金石书画家游息之所，亦犹"西泠印社"然。预期十月落成，不图七八月间日寇东犯，工事乃停。浸至政府西迁，南北沦陷，先生困居沪市租界寓所，忧愤成疾，1938年秋，卒于上海广慈医院，享寿六十有二。先生身后萧条，所藏书画，精品尽失。不三年而袁夫人卒。哲嗣利涉亦英年早逝。遗寡媳王氏及男女孙各二。幼女普椿适惠阳廖氏，婿廖承志氏功在国家，有声于时。

乡后学范寿康敬述先生生平事迹于上

时 1982 年秋日，撰于北京木樨地二十四楼，年八十有八

我所知道的经亨颐

姜丹书

经亨颐系清末民初浙江始行新教育时，筚路蓝缕以开辟先程之一人，字子渊，号石禅，晚号颐渊。浙江上虞人，世居驿亭镇，后以创办春晖中学于白马湖边，乃移居于此，署其舍曰"长松山房"。性情亢直，刚正不阿，不畏强御；豪于饮，时发天真佳趣；身颀瘦而挺拔，长颈方额，巨眼赭鼻，声昂昂，一望而知其为卓然丈夫。清光绪三年丁丑（1877年）生，故常以牛自喻。光绪二十五年（1899年），其伯父元善（字莲珊，知府）任上海电报局总办时，西太后那拉氏欲废光绪帝而立大阿哥（端郡王载漪之子溥儁），舆情沸腾，顾无敢言者。元善戆直，集同志联名电诤，自领衔，子渊适在侍，年方弱冠，已头角峥嵘，气概不凡，自请列名于末。因是触怒清廷，被一体通缉，伯侄偕避澳门，得免害。既而庚子（1900年）事变起，事懈，乃还，舆论倾重。子渊常津津乐道，为予言之。签名谏者共50人，或谓5000人者（按《中国近代史事记》为1230人），夸之也，事载《上海通志》，闽侯吴曾祺等编纂之《清史纲要》等书亦载之。居无何，子渊往日本留学，先后8年（内请假一年回国办学），卒业于东京高等师范学校数学物理科，宣统二年（1910年）春学成归国。当时规定，凡赴学部应留学生考试者，得授举人或进士，惟子渊不赴，以示志不在功名，时人高之。

光绪三十一年（1905年）明令废止科举，兴学堂。翌年，浙江巡抚张曾敭奏设"浙江两级师范学堂"于杭垣贡院旧址，聘邵章（伯炯）、喻长霖（志韶）、王廷扬（孚川）先后为监督，筹备建筑，规模宏大。王廷扬两度赴日考察学务，与留学东京高师之浙籍诸生商议，即聘子渊为教务长，嘱其提前请假回国，参加建校计划。光绪三十四年（1908年）农历四月十五日该校开学，将所招学生600名分别设科开班。进行教学约一年后，子渊仍赴日，补足学业一年，再度回校，由监督徐定超（班侯）重任之，为教务长。余于宣统三年（1911年）秋，受聘为图画手工教习，接替日籍教师遗席，遂与先生同事10年，而为终身道义之交。其行谊之荦荦大端者，今就所知，表而出之。

辛亥武昌起义，各省响应，革命局势紧张时，学校暂停课，办学生军（不限于本校学生），在校训练。徐监督归温州，由子渊代理守校应付，并参加革命运动。杭州光复后，成立浙江军政府，推派子渊管教育行政。事定后，子渊被任为浙江两级师范学校校长。旋即辞去政务，专心办学。民国元年（1912年）4月10日开学复课，教职员学生齐集，重振旧业，学校精神面貌焕然一新。

最初，两级师范总招学生600名，作1∶2∶3比例分配为若干班，即100名体操专修科，200名优级师范选科，300名初级师范简易科。体专一年毕业（宣统元年暑假）后，续招200名，两年毕业（宣统三年暑假）。优级选科，分史地、数学、理化、博物四科，各分两班，共八班；其中四班学生因有普通科学程度，故省去预科一年，而为两年毕业（宣统二年暑假）；另四班照学制三年毕业（宣统三年暑假）。至于 300 名简易初师，则两年毕业（宣统二年暑假）。如此，此 800 名学生至宣统三年暑假时皆先后毕业出校。故是年秋后在校肄业者只有优级公共科、补习科各一班及初级五年制本科师范两班，人数骤少。

因此，在民国元年春假复课后，经子渊校长又作发展新计划：以过去专科之中独缺高级艺术师资科，乃嘱余拟一培养方案，经过议决，于民国元年秋开办一班高师图画手工专修科，三年毕业（民国四年暑假）。计毕业者 24 名，未毕业出校者 5 名。就此解决了当时中学、师范之艺术科师资问题。

同时，以民国既成立，首先要发展基层的小学教育，需要大量的健全小学师资。因而自民国元年起，每年秋季招收五年制本科师范新生两班，提高质量，认真培训。如此，五年之中首尾相衔，每年至少有 10 班。此制一直进行至民国九年春子渊去职以后两年始止。

民国二年夏，遵照教育部通令改变学制，将所有优级公共科学生移送至北京国立高等师范学校肄业，单办五年制本科师范。因而结束了两级师范名义，改称"浙江省立第一师范学校"（图工专科仍附设在内至毕业止），校长仍由子渊继任。

经校长之办学精神，主要倡导"人格教育"。通过校务会议，以"勤慎诚恕"四字为校训，并自书一匾额悬于礼堂，为教导训练之标志。对学生，因材施教，重视其个性发展，辅导其"自动、自由、自治、自律"，不加硬性拘束。对用人行政，知人善任，唯贤唯能，绝不用私人，更不假借职权以图私。因此，学生皆能奋发自励，教职员皆能忠于所事，久于其职，视学生如家人子弟，视校务如家务，故能在其领导下精诚团结，打成一片。对课程，主张全面发展，自文学、艺术、科学教育以及体育，无不注重。文艺、科学的教学质量因以提高；体育则除柔软操与一般性运动外，尤加重兵式之中队操，奇正纵横，直与军队相比拟，以锻炼体魄而振作精神。故每学期或每学年所开之成绩展览会、运动会及音乐演奏会，皆倾动一时。至对于世界潮流与国情趋势，在大体上唯北京大学之旗帜是瞻，而一以正义行之。如民国四年之反对"二十一条"、抵制日货，民国五年之反对袁世凯帝制，以及民国八年之五四运动诸大事，凡游行示威，罢课请愿，组织学生团上街宣讲等等爱国运动，皆与北大相呼应而为浙江之率先行动者。因子渊自民初以来，自兼浙江省教育会会长，而所领导之第一师范声誉又隆，故能如此举足轻重，一致风从。

民国五年，子渊发起募建省教育会会所，需费巨万，无从出，拟以上虞乡耆富商陈春澜及大总统黎元洪为募捐对象。恐贸然向黎启齿，未必能如愿，乃先劝说陈以开其端，陈素重子渊，果一诺而捐万元以为倡。次料黎为一国元首，未便后于平民，及进言，亦果捐万元。于是再散募若干以益之，遂得于杭州平海桥西堍建成一座大厦为会所；而会中无经常费，仍不能开展事业，又向汤拙存（汤寿潜之子）募得省教育会基金 20 万元。拙存时在南洋经商，亦如数允诺。遂长期存款于银行，议定只用其息，不动本金，以巩固之。于是省教育会事业得以开展。

同时，子渊以省城虽有医院，而家乡尚无，乡民苦之，乃尽捐其祖遗田宅，创设大同医院于驿亭，以惠地方人民。

那时，军阀势力已强，民政长官无不依附以树声势。一次，教育行政部门对于任用校长之方式，欲改聘任制为委任制，意在降低校长身份为属员，使其俯首帖耳，仰承鼻息。子渊毅然反对，谓：在政制上应一贯尊重教育人员之独立人格，不可视校长为一般委任职之官吏，教育行政机关对校长当仍用聘任公函如校长对教员之用聘请书，以尊重教育之地位；否则，如同牛马之受羁勒，谈不到什么自尊心和责任心了！卒从其说。此一正义抗争，保存教育界上之元气不少。

民国六年左右，浙江省议会欲效尤江苏省议会之"议员自议加薪"，舆论愤慨，然难以制止之。子渊暗示一师学生会，发动若干学生赴省议会索取多数旁听券，循例列席旁听，以表示民气。因此，议员气馁，乃寝其议，而部分议员则怀恨在心，待时报复。

子渊又有见于军阀专横，政治不上轨道，公立学校完全受制于官僚，教育难以合理发展，乃又劝说陈春澜出巨资，办一私立中学于白马湖，命名曰"私立春晖中学"，以纪念陈氏。一切建置、设备、章程等均由子渊规划。此校有许多特点，如保障教职员地位，锻炼学生生活，经济由校董会总管、完全公开，校长不得越权等。并由校董会聘请子渊兼任校长，成绩卓著，时称优良学校。

以上种种措施，为子渊在教育事业上的贡献，然当时有力者甚忌嫉之；教育界中人亦多所歧视。

俄国十月革命后，进步思想传入我国，中经五四运动、新文化思潮泛滥激荡，子渊所领导之第一师范因站在潮流之前，于是反对派对此不可抗拒的所谓"过激主义"，咸诿为第一师范之罪。因而媒孽"倒经"运动，待时而发。

五四以后，教育部通令学校课程废除"读经"，注重"语体文"，故校中除固有的几位国文教员以外，添聘刘大白、陈望道、李次九三位新文学教员，而任教多年之夏丏尊本亦擅长语体文，在本校中，并未引起新旧龃龉，各就所长而教之，学生亦新旧并进，无所轩轾，但外界则视此四人为眼中钉。

是年秋，全国教育会联席会议在山西太原召开，经校长以兼任浙江省教育会会长资格为浙省代表出席。时一师学生施存统适在《浙江新潮》上发表一篇题为《非孝》的论文，乃至突然引起极大风潮。在风潮中，浙江省长齐耀珊嘱教育厅长夏敬观用"调空"之计，调任子渊为教育厅视学。子渊即日去职，不受新命。学生会则一致"挽经复职"，子渊虽传谕学生安心向学，而学生会则如失慈母，坚决斗争。风潮持续数月，最后学生会放弃挽经，而提出继任校长之人选条件，执政者不得不屈从接受履行。

此场激烈之正义斗争，既非子渊有意指使，亦非教职员有意助成，乃是由于学生平素饱受刚毅正直之学风陶冶，对时代潮流风气又能率先领略，故能如此人人振奋，既出于自发，又得到当时社会进步力量之支援，护校卒获胜利。子渊提倡人格教育，在当时不无成效。

子渊领导此校历13年之久，学生无不信仰，曾于民初组成同学会，名曰"明远学社"。因贡院旧有"明远楼"建筑物，尚保存校中作为纪念，故以此名名之，借以纪念此历史性之旧文化与新教育递嬗进展发祥地。

民国十二年秋季，子渊被任为省立第四中学校长，数学期后即辞去。

子渊文艺根底素深，早年擅书爨宝子碑，功力遒劲而能脱化。且精篆刻，中锋直刀，不落平凡。至是，年近五十，乃开始习画，即运用其笔墨腕力于六法，无师而自成，常署款曰颐渊。所画题材，多为竹菊松梅以及水仙等清隽之品，盖以自比，名之曰"寒之友"。尝为海上寓公，结合书画界名流组成雅集，曰"寒之友社"。其作风，大气磅礴，笔力超拔，墨韵生辣；所作诗文，亦简练峭逸，均能表现其独特风格。

子渊曾加入国民党，为左派，一度任中山大学校长及北师大教授，皆未久即辞去。此乃其教育生涯之闲余。

1931年左右，子渊至南京。一度有将任教育部部长之说，当时他曾提出先决条件：（一）须实行"国本教育"，取《尚书》"民惟邦本，本固邦宁"之义；其办法，以全国盐税为全民教育费，凡学龄儿童一概入学，不收费，谓如此方可促成国民教育之普及。（二）任何人不得干预教育部部长之职权。并谓如欲我出长教部，必如此而后可，否则不干云云。其说遂寝。后任全国教育委员会委员长，空悬名义而无实权，故常自嘲曰"光棍委员长"。

1937 年丁丑，重逢花甲，仲夏时，曾在白马湖张桃宴，来客俱是乡老及在野旧友，余与其弟子陈成仁（纯人，嘉善）、潘天寿（宁海）同往游，在其长松山房内摘"树头鲜"之杨梅而食之，出家酿而饮之，尽欢而散。

是年秋，抗日战起。8 月 13 日吴淞口敌舰发难，14 日敌机威胁杭州。是时，子渊适在杭，同我久坐断桥边，相对无言，惆怅而别。

是年冬，我举家 20 余人避难浙东。翌年春，辗转至沪，而子渊亦至，不久，瘰疾发，未及再面，卒于上海广慈医院，寿 62 岁。抗战结束，其寡媳王氏出其遗画之不惬意者或半成而辍者若干纸，由吾侪画友为之补成，题记款识，加盖真章，分购集资，以运灵枢，归葬于白马湖边预置之穴。著有《经颐渊金石诗书画合集》凡三册一函，行世。

怀念民主主义教育家子渊公公

范岳年　范岱年

经亨颐先生与先祖父范高平（1868—1944）于20世纪初一起留学日本，很可能是上虞县最早的一批留洋生。他们一个学教育与数理，立志教育救国，一个习农，立志实业救国，从此成了终生的莫逆之交。30年代初，每当先祖父或先父范寿康（1896—1983）回家乡时，经先生常来我家做客。我们姐妹兄弟都称他"子渊公公"。我似乎还记得他修长的身材，穿一身灰色长袍，带一副黑边眼镜，双目炯炯有神。常常行书作画，饮酒联欢，谈笑风生，极富幽默感。例如他曾作画赠给还是幼童的岳年，落款"岳年先生雅正"。当时我家正厅挂的匾额是子渊公公写的爨宝子碑体"后乐堂"，祖父寿坟的碑文也是他题的"范高平先生之墓"。家中悬挂着他和何香凝、陈树人合作的画和于右任的题词。他的苍劲有力的书法和孤傲挺拔的松竹至今仍留给我们深刻的印象。可是当时我们年幼无知，对子渊公公的生平事迹所知甚少。只听说他和先祖父在日本留学时子渊公公的生平事迹所知甚少。只听说他和先祖父在日本留学时剪掉了辫子，消息传来，害得经母杨太夫人和先曾祖母朱太夫人都曾大哭一场。

1982 年 4 月，先父范寿康从美国飞回祖国，5 月在我们陪同下返回他多年思念的上虞家乡。因为经普椿同志委托先父为经亨颐先生作传，当时就搜集了经先生的生平事迹与有关材料。该年秋，先父写出了《经亨颐先生传》。从这个传略和有关材料中，我才多少了解到民主主义教育家、艺术家子渊公公的不平凡的一生。

据家父记载："经先生亨颐，字子渊，号石禅，晚号颐渊。……生于光绪三年，岁次丁丑（1877 年）。时科举未废。稍长，入塾攻习制艺，兼及诗文。颖悟异常，才气逾人。暇好篆刻、治印，虽伤指从未中辍。先生年十八，适逢甲午（光绪二十年，1894 年）之役，我国为日本所战败，慨然兴舍家救国之志。……此后旅游申江，寄寓伯父元善先生家。元善先生属当时所谓维新派，主变法图强，所交皆一时才俊。时任首任电报局总办，对于我国电报通信之创建多有贡献。先生居伯父家，见闻大广。1898 年戊戌政变爆发，六君子殉难。慈禧并有废光绪帝，立大阿哥（端郡王载漪子溥儁）之意。元善先生感：朝政日非，集沪上同志五十余人联名电争，先生亦列名电末。慈禧大怒，诏令严缉。先生随伯父获葡人庇护，避难澳门（事载《上海通志》及《清史纲要》等书）。后庚子（1900 年）乱起，联军入京，慈禧仓皇西走。事懈，始得安然归乡。"[1] 原来，子渊公公早在 19 世纪末就声援了早期的民主改革运动。当时他还是年刚过二旬的青年。

20 世纪初，"先生鉴于国势日危，拟赴日留学，借图报效。……当时负笈东渡者众。先生后与许寿裳（字季茀，鲁迅好友）、钱家治（字钧夫、钱学森氏之尊翁）、陈衡恪（字师曾）等同入东京高等师范学校，专

---

[1] 经亨颐：《六十述怀》。

攻教育与数理。计时八年，始告毕业。留东期间曾与孙中山、廖仲恺等诸革命前辈相结识，并与同乡友蒋百里、高子白、范高平、叶墨君等称莫逆交。"①1903 年，他与周树人、许寿裳、陶成章及先祖父范高平等二十余绍兴府留日学生联名给家乡同胞写公开信，提倡学习西方的民主思想和科学技术，主张多派留学生出国，以振兴中华。

　　民国纪元前四年（1908 年），浙江创设浙江两级师范学堂。监督王孚川到日本拟聘许季茀、钱钧夫等任该校教务长，均不受聘。请经亨颐，当时他还是日本高等师范本科一年级学生，当然更不答应。可是后来同乡会公举经亨颐回国任两级师范教务长。他只好服从决议，休学一年，于 4 月 13 日归国就职，4 月 15 日正式开学。在任期间，果断地将抚台介绍的一个不称职的文学教员解聘，于是学生一致信仰他的率直。② 一年后，经亨颐先生又回日本高等师范复学，由物理化学科改数学物理科，并听吉田静致所授伦理学。两年后毕业，又应聘到杭州任两级师范教务长，并在杭州教育厅办的暑期讲习科讲授伦理学。宣扬"道德不是千古不变的，道德判断没有客观的标准"的新思想。③

　　1911 年，"辛亥武昌起义，各省响应。（两级师范）监督徐定超归温州，由先生代主校务，并参加革命运动。未几，杭州光复。成立浙江军政府，推先生主持教育行政。"④不久"浙江省教育会成立，先生被选为会长。"⑤当时，先祖父范高平也在杭州，当选为浙江省第一任农会会长，并曾任军政府财政部参议，盐政局副局长，推行盐政改革。因盐商阻力大而引退，从

---

① 范寿康：《经亨颐先生传》，载《范寿康教育文集》，浙江教育出版社，1989 年。
② 经亨颐：《杭州回忆》。
③ 同上。
④ 同①。
⑤ 姜丹书：《经亨颐先生传》。

事精盐公司等实业。经亨颐先生也于1912年辞去政务，任两级师范学校校长，专心办学。经先生和先祖父当时相继退出政界，可能与辛亥革命成果为封建军阀所篡夺有关。

民国二年（1913年），改革学制，两级师范改名浙江省第一师范学校，经亨颐先生仍任校长。经亨颐办学，一本生平所谓"人格教育"之主张，以身作则，刚正不阿，精神大公，思想开明，注重感化与启发，反对保守与压制。对于学生，因材施教，辅导其自动、自由、自治与自律，不加硬性拘束。对于课程，主张全面发展，自文学、艺术、科学、数学以至体育运动无不注重。举凡陶冶个人身心方面之知、德、体、美、群五育，无所不包。而目标则在于培养正直、坚强、学识兼备之人才，为国家服务。又因先生知人善任，尊师敬贤，所聘教师皆国内知名学者，如所谓四大金刚：刘大白、夏丏尊、陈望道、李次九四先生，学问渊博，思想前进。陈望道是我国最早翻译《共产党宣言》的学者。又如李叔同，精通绘画与音乐，是当时中国艺术界的巨擘。其他师资也都颇为优秀。他们视校务如家务，视学生如子弟，专心教学，忠勤尽责。

1915年，第一师范学生在浙江率先反对"二十一条"卖国条约，抵制日货；1916年反对袁世凯称帝；1919年在浙江带头声援五四运动。历次学生运动，第一师范都与北京大学相呼应，成为浙江反帝反封建运动的先驱。这是经亨颐先生与其同事悉心办学、提倡民主爱国思想的硕果。经亨颐在浙江一师，犹如蔡元培在北京大学。

与此同时，第一师范又开展反封建的新文化运动。青年学子，慷慨激昂，抨击封建道德与封建文化。进步刊物《浙江新潮》内容更为激进。1919年秋，第一师范一年级学生施存统（后改名复亮）发表了一篇题为《非孝》的文章。当时经先生不在杭州，他也未必完全同意这篇文章过激的观点，而且该校也有学生发表《非非孝》的文章。可是这时杭州却出现一股流言，攻击经先生"非孝、废孔、公妻、共产"。反动省长齐耀珊要经先生开除施存统。经先生说：该生留在校内，尚可积极把他教好来，倘若把他开除出去，谁再教他呢？既认为不好，又无人教他好，岂非永为不好的分子，危害社会么？^① 经先生的这种先进的热爱青年的教育思想至今仍值得我们认真学习。省长齐耀珊又想迫经先生辞职，或把他调空，均为他严词拒绝。最后只好把他无形免职。结果，又在 1919 年冬与 1920 年初，浙江一师掀起了挽留校长的"大风潮"。这是南方学生运动在五四以后的又一巨浪。我们常说五四运动是新民主主义革命的序幕，为中国共产党的成立做了思想上、组织上的准备。饮水思源，我们不能抹煞经亨颐先生等先辈在五四运动前从事启蒙工作的巨大功勋。

经先生主办两级师范及第一师范，先后共十余年，不仅对浙江的学风起了领导示范作用，而且培养出了杨贤江、宣中华、汪寿华、叶天底等早期中国共产党党员，成为新民主主义革命的先驱。同时也培养出了像潘天寿、丰子恺等绘画家，王隐秋等工艺家，刘质平、袁一洪等音乐家，他们都是闻名全国的一代艺术大师。

经亨颐先生离开杭州后，在上虞同乡先辈王佐先生、富商陈春澜先生赞助下，创办春晖中学。1922 年秋招生，12 月举行开校典礼。春晖根据先生之意见，不向军阀政府立案，并切实贯彻"反对旧势力，建立新学风"之主张。1923 年即招女生，开浙江省男女同校之先声。学校自订学则，在管理制度、教学内容、教学方法等方面俱有不少革新之处。学校组织协治会，实施民主管理。在教学上，既重文理各科之教学，亦注重学生

---

① 姜丹书：《浙江第一师范回忆录》。

在体育、美育等方面之发展。春晖之创办确曾在全国教育界引起轰动。四方学子多远道前来就读。而国内知名之士，如夏丏尊、朱自清、杨贤江、朱光潜、匡互生、丰子恺、刘薰宇、赵廷为、王任叔、毛路真、张孟闻等先后皆来任教。弘一法师也在校旁山脚建筑"晚晴山房"，从事静修与著作。白马湖上的新兴学府一时大放光辉。在经亨颐先生主持下，春晖不但有崭新的学风，并且一向具有旺盛的斗争精神，举凡如爱国抗日、支持革命等运动，师生几乎无役不与，不计牺牲。经先生主持春晖期间，曾于西齐岙山麓长松之下筑室自住，号"长松山房"。同时把驿亭故居与全部田产捐出，建立上虞第一所现代化医院"大同医院"，以嘉惠地方。

1923年秋至1925年11月，经亨颐先生曾兼任宁波浙江第四中学校长。他不顾宁波封建势力的反对，坚决支持四中学生的爱国民主运动。1925年"五卅"惨案后，四中和宁波其他学校的学生，也掀起了轰轰烈烈的反帝爱国运动。[1]

有意思的是，经亨颐先生先后担任浙江一师与四中的校长，都深受学生的爱戴，却遭到杭州与宁波的封建势力的忌恨与反对，终于被迫免职。而一师、四中两校学生为了挽留他们拥护的经校长，都掀起了轰轰烈烈的学生运动，推进了反帝反封建的浙江潮。

民国十六年（1927年），广州国民政府任戴季陶为国立中山大学首任校长。当时正值国共第一次合作时期，中山大学学生思想进步。国民党右派戴季陶因参加西山会议，不敢前去就职。乃任经亨颐为副校长，代理校长职务。经先生当时邀先父范寿康为秘书长，随同前往广州。据先父回忆，中山大学开学典礼时，共产国际代表鲍罗亭还到校讲话。可是，经亨

---

[1]　周闪耀：《北伐前夕宁波学生"拥经亨颐"的斗争》。

颐在中山大学的工作也受到右派的掣肘，所以不久即告辞去职。他与先父出韶关，越庾岭，循赣江，转武汉。与冒险押运精盐去武汉支援武汉革命政府的先祖父范高平相会。不久，风云突变，蒋介石等国民党右派发动反革命政变，屠杀共产党人。轰轰烈烈的大革命终于失败。当时正值先祖父60岁。经亨颐先生书赠一副对联："十六年，年六十。""人难做，做难人。"表达了他当时的悲愤心情。在蒋介石疯狂反共之后，浙江一师毕业生"以共产党招牌而惨死的历历有十余人之多"①，四中的共产党员、共青团员也有惨遭迫害的。这些血的事实，不能不给爱学生如子弟的民主主义教育家经亨颐的内心带来巨大的创伤。

此后，经先生又与先父一起返回故里上虞，他要先父同任春晖中学校长，协助他办教育事业。先父在春晖工作三年。1930年夏，他和一位老师与一位同学，一起被土匪绑架，土匪绑架当然是为了钱。但这后面有无反动势力打击春晖进步势力的背景，仍是一个疑问。

1926至1927年间，经先生年近五十。他开始学画。他先画竹，然后画梅、兰、水仙及松、石等等，都是不畏霜雪耐岁寒的清品，体现了他的风格。经先生素擅书法，又善治印，故移笔作画，无师自通。这时，经先生与何香凝、陈树人等几位依旧支持孙中山的三大政策。与不愿为蒋介石效劳的老朋友相约，组成"寒之友社"，参加的还有国民党元老于右任、画家黄宾虹、张善子、张大千、潘天寿、丰子恺、李祖韩等及诗人柳亚子等，风雨泼墨，诗酒联欢。"寒之友社"设于上海租界光裕坊经宅，二楼就是何香凝的家。"寒之友社"实际上也掩护了国民党左派与共产党人的秘密活动。1933年8月28日，廖承志在何香凝家中被捕，由宋庆龄、柳

---

① 经亨颐：《杭州回忆》。

亚子、经亨颐担保获释。[1]5月宋庆龄曾受共产国际的委托，到何宅与廖承志秘密联络[2]。以后，廖承志就与经亨颐先生的爱女普椿由相识到相爱。据我祖母说，当时经先生对他俩的恋爱是赞许和支持的。种种情况表明，经亨颐先生始终是中国共产党人的真诚朋友。

以后，经亨颐仍长期担任中国国民党中央委员、国民政府委员，但只挂空名，无所事事。他与何香凝等服膺中山先生的遗教，为国民党左派人士的中坚。他曾一度提议立即实施普及教育，然未被采纳。1934年左右，经先生出任教育部部长的呼声甚高，然终因国民党中保守分子的反对，未能实现。所以，自1926年以后，经先生的主要建树实在艺术方面。1936年，经先生年近花甲。影印篆刻及诗、书、画墨迹，汇成《经颐渊金石诗书画合集》，共三册。当时，赠我家数套。我记得我们兄弟姐妹在当时也曾翻阅，至今仍有印象。可惜我家保存的这些集子以及他的大量亲笔书画经过十年浩劫，至今已荡然无存了。

1937年7月，抗战全面爆发。年底上海、南京、杭州相继沦陷。1945年，先堂叔范久康曾告我：1937年底，经亨颐先生为躲避日寇，曾到上虞城内（今丰惠镇）我家中暂住数日，当时他的心情十分抑郁。1938年春，即转辗赴上海租界，移居颐和路寓所。终因忧愤成疾。1938年秋病逝于上海广慈医院。

综观经亨颐先生一生，他由支持改良的民主主义走向支持革命的民主主义，由支持旧民主主义走向支持新民主主义，一生走在时代的前列。他的先进的教育思想和教育实践培育了几代优秀的中国知识分子。他的艺术成就表现了他的崇高的精神品格。他不愧为20世纪上虞县最杰出的人物之一。

---

① 经普椿：《承志和我》，载《廖公在人间》，香港三联书店，1983年。
② 廖承志：《我的回忆之二》，《人民日报》1982年5月29日第4版。

他的教育思想与言论和光辉的艺术成就是我国、我县的宝贵精神财富。

解放以来，由于长期受"左"的思想干扰，我们多年来对经亨颐先生这样的民主革命先驱，中国共产党人的真诚朋友的生平事迹、思想贡献、崇高品格研究得太少了，介绍得太少了，以致在十年浩劫期间竟然发生了捣毁他的坟墓的野蛮行径。"四人帮"之流可以横行一时，他们可以破坏、烧毁经先生的部分遗物，但他们无法阻止经亨颐先生的浩然正气、进步思想与民主主义精神。他的崇高精神必将在春晖中学、在上虞县、在浙江省、在全中国流传下去，发扬光大，成为精神文明建设的重要内容。

经颐渊先生传

柳亚子

　　先生姓经氏，讳亨颐，字子渊，晚岁欲统一名号，故自署曰颐渊，浙江上虞人也。

　　少游沪上，居其世父莲珊翁元善所。值胡清末造，牝后那拉氏既兴戊戌党狱，杀谭嗣同等六士，复欲废弑其君载湉，海内外哗震。莲珊翁首率东南士庶，驰电声讨，而先生亦列名简末。寻相偕亡命澳门，至庚子后，始获归。遂留学日本，入中国同盟会。既返国，尽瘁教育有年。其长浙江第一师范也，值五四运动，顺应新潮，学风丕振。因为当地官吏所忌，百端齮龁之，先生岸然不为所屈服焉。

　　中国国民党改组，主持宁波市党务，旋被举为中央执行委员，航海入粤。国民革命军出师北伐，间关从征，止于武汉。已而国共分裂，先生心甚非之，顾力不足以匡正，拊膺太息而已。

　　十六年夏，予游南都，始识先生。会玄黄水火，棋局鼎沸，先生栖迟南溆，予槁卧申江。二十一年秋，始复相见。时廖仲恺夫人何香凝女士方养疴于先生白马湖私邸，余渡海往诣，与先生偕行，下榻长松草堂三昼夜，酒酣以往，抵掌高谈，未能忘情于天下事也。

先生嗣移家海上，复迁南都。二十六年夏，以病返白马湖，而"八一三"事起矣，二十七年春，再来海上，欲奔赴行都。顾肺疾旋作，九月二十一日殁于广慈医院，年六十有三。著《颐渊金石诗书画合集》，已印行。

柳亚子曰：先生弗娴欧文，与余同憾。顾思想颇前进，清党后恒郁伊不自得。二十五年冬，孙夫人首创全国团结，实行总理三大政策，具文书上中央会议，先生亦附署焉。抗战军兴，朝议不变，先生独恨其犹未能尽善，虽在病榻中，每为余言之。自先生之殁，忽忽再易岁，益深佩其卓识，爰举所见为，论列之如右云。

杭州岁月

校训解释

经亨颐

家有懿训则昌，国有懿训则强，惟校亦然。准乎时地，对乎社会国家，不失之远，不失之迩，播之嘉种，以期有秋，标兹德目，发为校风，有厚望焉。周书曰：业广惟勤。韩子曰：业精于勤。勤者事之宝也，则取之。一言不审，人其我尤；一行不谨，终身之羞。言行，君子之枢机，慎其尚矣。诈伪虚妄，以之修己则无成，以之处世则病，故有取乎诚。称物平施，善与人同，待人如己，孔耶合德者其惟恕乎。谨以今日圣诞宣示校训，爰先引经义而为之解释如下：

勤 《论语》言敏不言勤，敏即勤也。子曰：学而时习之。又曰：好古敏以求之者。又曰：学而不厌，诲而不倦，何有于我哉。孟子述子贡言曰：学不厌智也，教不倦仁也，仁且智夫子既圣矣乎。夫曰时习，曰敏求，曰不厌不倦，皆勤之谓也。

慎 《论语》孔子答子张曰：多闻阙疑，慎言其余，则寡尤；多见阙殆，慎行其余，则寡悔；言寡尤、行寡悔，禄在其中矣。又答子路曰：暴虎冯河、死而无悔者，吾不与也，必焉临事而惧、好谋而成者也。此虽不明言慎，而曰惧曰好谋，则慎之意也。诸葛武侯自言一身惟谨慎而已，其善学孔子者欤。

诚 诚者真实无妄之谓。《中庸》述孔子之言曰：诚者自成也，诚者非自成己而已也，所以成物也，不诚无物。孟子曰：诚身有道，不明乎善，不诚其身矣，是故诚者天之道也，思诚者人之道也，至诚而不动者未之有也，不诚未有能动者也。其言与《中庸》甚合。又曰：万物皆备于我矣，反身而诚，乐莫大焉。

恕 《论语》曾子曰：夫子之道，忠恕而已矣。子贡问曰：有一言而可以终身行之者乎？子曰：其恕乎，己所不欲，勿施于人。又对仲弓问仁曰：己所不欲，勿施于人，在邦无怨，在家无怨。《中庸》述孔子之言曰：忠恕违道不远，施诸己而不愿，亦勿施于人，此即大学絜矩之道也。孟子亦曰：强恕而行，求仁莫近焉。

夫六行九德的目多矣，岂此四字，之外不必尽乎，而核以师范之性质，则惟此四者尤当勉焉。而曰孜孜也不厌不倦，勤之至也；寡尤寡悔，慎之效也；成己成物，诚之极也；尽己及人，恕之行也。苟能是，是亦足矣。

关于女子教育及女子师范教育之意见

经亨颐

吾国教育尚幼稚，女子教育更鲜起色。女子教育之所以鲜起色，或谓男子教育，尚无头绪，未暇计及女子，此非正当之论。自余思之，于社会心理上教育原理不无根本误谬之处。民国肇始之际，女权妄思扩张，平等自由之说，喧腾一时，教育上竟有无从措置之势。识者极创贤妻良母主义以维持之。至今日已按部就班，得免异议。诚可为女子教育前途之幸。夫贤妻良母四字，昉自日本。诚以女子与家庭有至切之关系。母妻为家庭中女子至要之人物，以贤妻良母为女子教育之中心，谁曰不宜。所可研究者，吾国之女子教育，是否仅仅贤妻良母主义而已？曷为曰贤妻又良母，曷为曰贤妻良母而不言其他。袭他国之名词，强适用于吾国，不可不仔细审察，此余之所以不能已于言也。

贤妻良母，诚为家庭和好之必要条件，而家庭之状况及其习惯，与国家社会有密切之关系。各国之家庭习惯不同，吾国之家庭习惯，不特与泰西各国不同，即与日本亦有特殊之点。尝云家庭以夫妇为本位，此言尚不适于吾国，吾国之家庭，不能云以夫妇为本位，尚云以父母为本位。新家庭成立于无父无母以后者为多，或成立新家庭时，已为父母，如欧风之简单，夫妇新婚之新家庭实为今日社会上未能和好之家庭，恒有置父母翁姑于不顾。逞其时流之幸福，绝非社会之好现象。文明之误，此其一也。余既言吾国之家庭，宜以父母为本位，故教育上须注意吾国固有道德伦理的基础之特色，简单一字，即所谓孝。

孝固不仅就女子而言，有孝子亦有孝女，孝子孝女，有天性之关系。独女子于孝女之外，且有孝妇，较之孝子孝女，更有价值。余姑不言孝子孝女，而特于女子教育创言孝妇。于贤妻良母之外又有此要求，实有鉴于吾国近今社会心理上不能不有此要求。孝妇必为贤妻，必为良母，而贤妻良母未必能为孝妇也。如谓广义之贤妻良母，必为孝妇，则广义之贤妻必为良母，何必并言贤妻良母。故贤妻仅对于夫，良母仅对于子而言。近今时流女子之心理，何以为良，恐陷于狭义，以对于夫之亲爱为贤，而忘其对于姑之不亲不爱为不贤；以对于子之养护为良，而忘其对于姑之不养不护为不良，可怜今日之为姑者。有一极伤心之语，曰"娶个媳妇卖个儿子"。吁！虽非女子教育使之然。而女子之受教育者，不特不能纠正之，且有以推其波而助其澜，姑不学而以毕业傲之，好俭而以奢侈骄之。所谓家庭之和好，偏于部分的和好，此极端之贤妻良母主义，实有以致之况，并贤妻良母而不可得哉。

细审贤妻良母四字，其最不适当者为一妻字。极端的贤妻良母主义之流弊，皆从一妻字发生。余既言吾国之家庭，尚不能以夫妇为本位，当以父母为本位，故仅贤妻良母四字，犹以为未足，本拟加以孝妇二字为孝妇贤妻良母主义。今姑放低一层，以孝字为伦理之标准，以孝妇为女子之模范。虽贤妻未必为孝妇，而贤近于孝，即以贤妻良母之妻字改为妇字，以贤妇良母为吾国女子教育之要旨，决不可以夫妻言之。妇即妻之意释之，与日本之贤妻良母主义大有区别。今日社会之心理家庭之习惯庶乎近焉。

以上论一般之女子教育。贤妇良母亦不外家庭主义，而以此连带观念，谓女子师范亦宜取家庭主义，则尚待讨论，非谓女子师范绝对不宜取家庭主义，而谓女子师范不宜绝对取家庭主义。女子与女子师范意义不同，女子教育与女子师范教育，自宜加区别，不可以一律论。首宜研究之问题，为女子师范与女子中学之比较，及女子师范与男子师范之比较。前者女子与女子名义虽同，而性质全异，后者女子与男子名义虽异，而性质全同。彼谓女子师范之寄宿舍宜组织模范家庭，或谓女子师范寄宿舍之组织宜仿家庭制者。就女子与家庭之关系言，谁不赞成；就师范与家庭之关系言，未能下全称肯定之断案。女子师范四字，重读女子二字，与重读师范二字，意义大不相同。论理学上所谓音调抑扬之误谬，平心而论，以女子就师范，非以师范就女子，此不可不明辨之也。

女子师范四字，宜扬读师范二字，抑读女子二字。女子师范为特殊之女子教育，非一般之女子教育。余已论一般之女子教育，宜取贤妇良母主义，而女子师范教育，断不仅以贤妇良母四字概括之，致失师范教育之本意。如谓女子师范亦仅以贤妇良母为唯一之要旨，则女子师范毕业生，其足迹仍不出家庭宜其为少奶为夫人。不复问社会上之教育事业何贵乎？女子师范学校曷若改为女子中学，盖女子中学与女子高等小学，当然以贤妇良母为唯一要旨。女子师范之学生自高等小学而来，非径自不良之家庭而来。所谓贤妇良母主义之教育已受之数年，至入师范学校，为受师范教育之时期，与男子乎何异？

女子师范与男子师范仅异一字，而此男字女字，亦非男女二字之全称，故非就一般教育以论男女之区别，仅就师范教育以论男女之区别。例如蒙养园，宜于女子不宜于男子。教课之略有区别，部章已有规定，如男子师范习农业，女子师范习园艺、家事。其他论男女个性上之注意，则男女师范分别办理，仅可异其训练方法。论男女生理上之注意，则女子师范之兵操可免，其体操时间较男子师范可减。除此个性生理二点之外，女子师范与男子师范绝无有办法不同之理由，如谓女子师范寄宿之组织宜仿家庭制，则男子师范寄宿舍之组织亦宜仿家庭制。女子有家庭之责任，男子何独无家庭之责任？家庭中有女子，家庭中岂无男子。无男子之家庭为无父无兄无弟无夫无子之家庭，今日社会上认为不幸之家庭。女子师范之寄宿舍中无男子，其仿家庭制亦仿不幸之家庭而已，于教育何取？于社会何补？女子师范寄宿舍之组织宜仿家庭制，此言实近咒诅，否则亦属戏谑。谁为父，谁为兄，谁为弟，谁为夫，谁为子，角色不齐，将如梨园之假饰。抑或合并男子师范共同组织，岂不可笑。他如器具之陈设、食事之组合，倘如家庭之琐细，学校将不胜其烦矣，乌乎可。又所谓模范家庭者，亦属非是。自称模范，不知令何人模之范之，此意殊不明了。夫家庭之组织与家庭之经济及其他原因有密切之关系。社会上无数之家庭均不相同，决不可强使之同。故组织模范家庭，令一般社会之模范之，不特自信太甚，抑亦不揣事实之空谈而已。如谓令女学生将来作家庭之模范，学养子而后嫁，固无不可。特恐模范之主观过强与其实在之家庭未能近似时，则余上述偏于部分的和好之过虑，即自此启其端。原模范之意，不尚丰而尚简，不尚奢而尚俭，无论极简极俭之设置，应有尽有，已不能适合于一般社会。吾浙女子师范学校，因绌于经费，贷大宅为校舍，余病其非宜。盖学校之生活，亦有共同相处之特色，女子师范生将来亦有创办学校之责任，何必以家庭之范围囿之也。

吾国家庭之习惯，男子除负担经费外，几绝对不负其他琐细之责任。在殷富家之子弟，竟不知家事之内容，而其女子却不若是之甚。余且谓男子教育宜稍输以家庭日常之知识，以分女子之苦。檀那归来，跪迎于户，此日本家庭之恶习。彼以日本女子师范有此办法为论据者，实女子教育之根本意见大相反对。吾国之女子教育、女子师范教育皆绝对不宜取法于日本。盖社会之习惯不同。日本之贤妻良母，与余所主张之贤妇良母，意义亦大不同。所谓家庭主义者，与模范家庭及家庭制之意义又不同。家庭主义为抽象的，模范家庭与家庭制均为具体的，故家庭主义，不特一般之女子教育宜遵守，即女子师范教育，亦非废弃。余已声明非绝对不宜取家庭主义，为不宜绝对取家庭主义。若模范家庭与家庭制，不特女子师范所不能行，即一般之女子教育，亦不能行，行之亦有名无实自欺欺人而已。

家庭主义，以抽象的训练则可，以具体的组织则不可。女子师范之家庭主义，更不必特加注意，如为训练起见，则余敢陈一意见。女子师范校长及学监教员之家庭，当然有模范家庭之资格，可令女学生轮值服务，一举两得，于事良便。如校长、学监、教员之家庭不克为模范家庭，则以若何人组织模范家庭，所谓模范家庭者，亦可想而知矣。余非孜孜好辩，实于理论上有所不容，或谓今日社会之情形，事事依据理论，将百废莫举，虽然理论即自事实发生，于理论未能适合于事实，亦未必尽妥。因不能适合，遂弃理论而仅顾事实，此消极的办法，为教育上所不取。愿当世教育家共商榷焉。

教育者之人格

经亨颐

入学式与毕业式，为学校例有之年中行事，形式上虽为一去一来，精神上绝非一增一减。新入诸生，于投试学生八人中取一人，入学颇不容易，但入校后为本校学生则甚易，欲为本校优良之学生又不容易，而本校毕业后为优良之小学教员则又甚易。须知容易之事，必经过不容易之关节而成，世上原无天然容易之事。入学不容易，始入学有决心，对于学校自有信仰。观吾国学生青年，入学某校常抱不安心之态度，非其志愿之不安，为对于学校无信仰而不安。所谓试读，为学生试学校，非学校试学生，朝夕思索，去留不定，难乎其为学生矣。本校情形，征诸近年入学诸生，固无此种心理，各教员之热心指导，久于其职，亦有较他校不同之点，校风已著，在校高级学生皆有先辈资格，堪为模范。诸生既入此校，可安心读书，无容多虑，诸事多有定，则不致无所适从，故曰为本校学生甚易。惟本校训练之标准较高，在他校已算优良之学生，本校尚有批评，欲得甲等操行成绩殊不容易。年级递高，标准亦异，而对于新入诸生之训练，则惟服从二字。嗣后渐渐启发，期于自律，乃至毕业，始成完全人格，庶不至离去母校，顿失依赖，出而问世，游刃有余，不愧优良之教育者。盖今日苦，即将来之乐，在校时难，即出校后之易也。

本校为师范学校，即人格专修学校。此所谓人格，与普通所谓人格别有一义，教育者对于社会一般不可无牺牲性质，能适应时俗之好恶，方为教育者特异之人格。以大厦喻国家，以人才喻栋梁，柱石常闻之，然构成大厦最要之关节，则为此凸彼凹相接合之斗。榫若无斗榫，虽栋梁之材不足用也。且既有栋梁之凸，榫若无柱头之凹，榫虽栋梁之材亦不足用也。今中国栋梁之材不患不多，所缺者凹榫之柱石耳，倘柱头亦是凸榫，大厦其何以构成耶？政治家也，元勋伟人也，皆为凸榫之栋梁。教育，立于社会基础上之事业，教育者相当于柱石之材，彼凸我凹，与世无争，始无不合，否则即失其柱石之资格。凸榫者何？权利而已。今日诸生既入学于此，已取定为国家柱石之材，校长第一次之训话，即是凿成凹榫之准线。其各勉旃。

教育与实业之结合

经亨颐

以草木喻国家，则教育为根，实业为土；以动物喻国家，则教育为骨，实业为肉，二者关系之密切，洵如是。无根之草木，虽栽于土，难期繁殖；动物之骨肉分离，则生气已绝。试观折枝之花，其鲜艳固不亚于盆栽，而逾时花落，干枝并弃；剥制运动之标本，其状态亦俨若生体，而徒有其表，不能活动。折枝标本之国家，岂可以图存乎？盖无根无土无骨无肉，未有能生者也；即有根有土而不相用，有骨有肉而不相附，亦未有能生者也。根是根，土是土，骨是骨，肉是肉，亦无贵乎根，无贵乎土，无贵乎骨，无贵乎肉矣。其价值在根与土之作用，骨与肉之接合。有根有土而不相用，若枯木；有骨有肉而不相附，若剖尸。枯木、剖尸之国家，又岂可以图存乎？而吾国之现状果何如，吾国之本体果何如？

以吾国喻草木，盘根错节之老树也；以吾国喻动物，酣睡将醒之猛狮也，岂折枝标本乎哉。第就现状而论，实与国情均不相适，强袭外国之文明，不遗余力，倒行逆施，舍本逐末，使道德堕落，人心日非者无他，折枝主义之政策，不适于盘根错节之老国家也，睡狮将醒，又岂可以剥制标本目之哉？他姑不具论，试言吾浙江省垣之新市场，自旧旗营改造以来，河沟工程之计划非不佳，而必开设戏馆、酒馆、茶馆等种种无谓之消耗。以首善之区，而效夷场之习，诱惑青年，败坏道德。本不知其是何居心，而不一年不扑自灭，维持维持之声，屡载于报章。其维持也仍以维持戏馆、酒馆、茶馆为目的，犹之花已落不图栽培，而欲设法强使附着，其可得乎。盖旗营之市场，折枝之市场也，无根无土之市场也，标本之市场也，无骨无肉之市场也。其熙熙攘攘一时闹盛之形式，游其地者，以为事业之发达。吁！有其表而无其实，不足凭也。

余尝论形式二字，有两方面之解释，曰有实质、有精神之形式，与无实质、无精神之形式，故仅以形式论物论事论人皆不确。盆栽缤纷之形式有实质之形式也，折枝鲜艳之形式无实质之形式也，生畜毛泽之形式有精神之形式也，标本之形式无精神之形式也。即如参观学校教育，其秩序整齐，表册俱全，固不无切实进行之结果，而有此整齐俱全之形式，又安知非故意造作以饰一时之耳目，市街上衣冠楚楚者，寓目皆是，贫富不分，其仰事俯畜而有余者，固不乏其人，而家徒四壁，冬夏相互典质以图身之文者，亦所在多有，甚矣形式之难言也。是故无精神不必言形式，无实质不必言形式。国家之形式亦然，无教育不必言形式，无实质不必言形式。可知教育与实业、国家之精神实质所关，即国家之真正形式所关。且有实质始有精神，有精神始有实质。仅言教育不言实业不可也，仅言实业不言教育亦不可也。余故特言教育与实业。

教育者经营人生之实业也，故教育为广义之一种实业。实业者促进物质之教育也，故实业为广义之一种教育。合人生物质而言，教育与实业，固一而二二而一也。自近世社会分业，忘其太极，有所谓教育家实业家之分，门户判然，尔为尔，我为我，一若教育家永不能谋实业。实业家恒且轻视教育，余姑不言实业家不可轻视教育。余急欲言教育家之必须共谋实业。诚以教育为国家之根本事业，教育家为社会之中坚人物。分业之弊，实业家犹未知之。教育家既知之而又不得不协力以补救之，于教育有无限之利益，于实业有无限之利益，于教育家实业家有无限之利益，即于国家有无限之利益。其事维何，即教员贮蓄协会是。

余友实业家曾语余曰："若成功愿请君以广兴教育。"余闻之且不愉，尝怀一疑问：教育家是否必须依赖实业家？数年前虽不愿依赖实业家，有时尚羡仰实业家，今则以曩之，羡仰实业家者，羡仰教育家。羡仰实业家，羡仰其拥资实力也；以羡仰实业家者羡仰教育家，不特羡仰教育家，亦堪拥资，曰羡仰其为社会国家有不但振兴教育振兴实业之利益也。吾国实业之所以不发达，固不一其说，而教育家视实业为分外事，为最大原因。何则营实业非有合群力不可。吾国人民少合群之思想，故实业不兴。姑论教育家为国民之模范，国民所缺少之思想当提倡而指导之，即言教育亦不可无合群之力，否则亦不堪为教育家。若以具有合群思想之教育家而谋实业，犹反乎也。余何必羡仰实业家，世之教育家，亦何必羡仰实业家。自动力所在众擎易举亟起而图之可也。

合教育实业为一事，合教育家实业家为一人，惟教员贮蓄协会之一举。谋教育实业平行之发达，向所仅言教育之教育上之利益，仅言实业之实业上之利益，以外之教育上之利益实业上之利益，即教育与实业结合而后得发生向所未有之利益，亦惟教员贮蓄协会之一举。尝谓教育可以转移风俗，此言亦有二义，曰转移风俗不过指导而已，不知何日始克转移；又曰转移风俗必有实力使之转移，二者将奚取。今日吾国之状况急不及待，固非有转移之实力不可，教育与实业合为一气，则教育有转移风俗之实力矣，即如旗营之市场。虽据教育原理、社会原则，倡历劫不磨之至理、坚忍不拔之正论，以提醒社会，而言者谆谆，听者藐藐，亦无振兴之望。闻有倡建设工厂之议者，不知成立于何日。若余所主张之教员贮蓄协会已成立于十年以前，则有鉴于此，拨贮金以建设之，立时可观其成。既有转移风俗之好意，且有转移风俗之实权，岂不大快。想当世教育家无不赞同也。

伟矣哉，此举难矣哉。此举余蓄意已数年，自知人微言轻，不敢妄为启齿，以招皮相实业家之讥笑。去年在本会偶与会友谈及，竟有深表同情者，叠承金、俞、罗三君发挥其理由于本报中，而期其必成之热度，遂日不可遏。吾浙教育成绩非推为优良者乎。教育成绩优良之区，必教育家有合群之精神，始克臻此，故深信合群之必要条件，已能满足。此外关于此举所宜研究之难题，以余思之，无他，持久、秉公而已。然斯二者，亦为教育家必需之品性，不持久无以言协会之利益，亦安可以言教育之利益；不秉公无以言协会之成绩，又安可以言教育之成绩。吾浙教育优良之誉，可以教员贮蓄协会证之，吾浙社会前途之庆，亦可于教员贮蓄协会卜之。合群持久秉公，教育与实业均为必要之条件，而二者之结合剂不外是即天下国家之结合剂，亦唯此心而已。

学校训育论

经亨颐

　　训育之意义，在指导被教育者之意志，养成良善之习惯，而直接陶冶其品性之谓也。或曰训育属于思想界之言论，学校行训育，不啻空谈，孔子之因材施教，焉能实行于今之学校？盖集多数儿童各异之个性，一一为之训育，或因先天遗传之不同，或因后天习惯之各殊，而左右其个性，乌可为之区别而行各异之训育？故虽训之育之，终归无效。夫学校之有训练，如为个人而训练，固须视各个人之品性而施训育，殊不知学校为共同教育，故须集合多数儿童各异之个性，而行同一训练。夫孔子之因材施教乃因异而同之意也，不然，三千弟子因各异个性而施教育，何孔子之不惮烦耶？是故训练为可能亦即今日学校教育之本务也。且谓学校训育不适合于个性，谓为不当，而委之家庭。余料子弟之涉足社会者，势必如投规于矩而强其合也，则何贵乎学校之树立，与夫学校教育之设施耶？夫学校介乎家人与社会之中间，即谋统一训育之机关也。家庭之自然与社会之自然绝端不同，家庭过爱怜，社会过险恶，均非折中，学校训育者即为调和之机会，且社会间自然训育较家庭多，而家庭训育又太慈爱，不有学校训育以调和而折衷之，则一出家庭顿受社会恶剧训育，恐犹漩涡舟楫而乏操纵之权，不为狂波恶风所沉没者亦云希矣。故学校为有意的组织而施有意之训育也，然则学校训育之不可蔑视也固矣。且夫以授予之教授为教育，是为非教育之教授，学校中之所谓教授，即教授中含有训练，故学校之正当教授，须于授予智识外，兼行顾及其品性，方不失为真正之学校教育。

教育与训育之关系 教授之作用为授予训练之作用，为授予智识与指导品性同为教育之必要，有连带之关系而不可以单独施行者也。故教育专求智识而不加以品性，与专求品性而不究智识，则两者均不能达教育目的。前者难期，后者空虚，其义维何？曰训练而无智识，则不成其为训练，故训练必经教授，教授以智识为资料。而不经训练，则被教育者之为善为恶，未可知也，即达教育目的之能与不能，亦未可知。但往往易于为恶而难于就善，故谓之不能达教育目的，非虚语焉。是以教授须经过训练，训练须具有智识，然后可达教育之目的。诚以图形表示之如下：

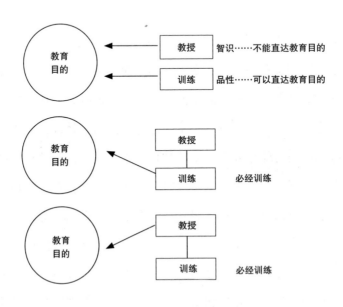

以上三图，除第一图不成立外，二、三两图均可间接达教育目的，故学校教育之不可不有训练焉明矣。

训育之内容　服从为他律的训练，而习惯为自律的训练，故由他律进而为服从，为习惯，为自律，为品性，此学校训练之阶段，亦即训练内容之表示也。盖欲达自律，他律为必经之路，习惯介乎服从与自律之间，无服从不能成习惯，无习惯不能成自律，故服从者为训练之最初时代，习惯者为他律及自律之混合时代，经此时代乃成品性，而品性者即意志之习惯，自律者即训练之成功也。

学校训练与军队训练之异点　军队训练与学校训练，两者绝对不同。军队为他律的，学校为自律的，军队训练之成功为服从，而学校训练之成功为自律。盖学校之须有服从，不过以服从为导入自律之门径已耳，故学校训育须出之以和蔼，使学生有亲爱的服从，为导入习惯之方便。奈今之言训练者，每以学生服从为尽训育之能事，故行学校训练者，无非严加压束，令其绝端服从，养成麻木不仁、机械的学生而已，不知学校须行自律之训练，宜进乎意志之习惯者也。盖服从者不过为他律训练之成功，养成良善军队之目的，非学校教育之终究告成者也。专行权威的服从，为学校训育之成功，则学校为军队的学校，而学生亦不过为军队的学生，所谓服从者亦不过一时之服从，一入社会便与未受学校训育者等，斯则乌有学校训育之价值哉。研究教育者，其三复斯言。

读书之观察

经亨颐

尝言人生与生计之二生字，何所区别？饥饿不能生，生计困难，腹之饥饿也；人生无修养，则为脑之饥饿。时人竞言生计，已知救济腹之饥饿矣，而犹未闻有自觉脑之饥饿者。就知腹之饥饿，其原因且在脑之饥饿。以脑之饥饿者为社会中坚人，为平民筹腹之饥饿，舍本逐末，其何得乎？近来教育界提创视察，连番赴日本已不一次，一若日本为无上之模范也者。当局者之用意，殆为救济脑之饥饿耳。自今思之，又是舍本逐末之策也。

视察有大虑也，走马看花，袭取外貌，先入为主，自己无一定之标准者无论矣。历来视察之所谓标准者，亦有数问题，难云得当。

一、视察教育仅视察学校；

二、视察学校仅视察教课；

三、仅以自己现任职务为视察之对象。

大批旅行之结果，五花八门，所得不知几何。俾益于国家，俾益之教育，更不知何在。谓之虚耗，亦无不可。原夫视察有内外二义，旅行不过外的视察，读书乃为内的视察。先从书籍察其思想精神之趋向如何，而后实地考察，则内外参对，始有心得。视察之标准，尤贵大处落目；局部模仿，不但无益，且多流弊。黄海所距不远，相继偕往者必不乏其人。敢进一言，盍先从事于读书之视察。

读书亦不易言，一曰无书可读也。脑之饥饿，无书可读，犹之腹之饥饿，无物可食。吾国旧书，汗牛充栋，岂曰无书可读。惜乎书虽多，原料也而未经烹宰，南货栈也而非菜饭馆，饥饿者于此，仍叹无物可食。查各书肆近来出版，除几本教科书有利可图者外，其他有价值之新著，并不征集，并不印行。有志之士，买书无着，偶有一二册可读者，则定价甚昂，寒儒束手，再四思维。唯有希望社会上以公益的性质，组织出版事业，筹款若干，限定几年，出书几册，款尽为度。此次经费，或募自殷富，或拨自公家，即不然各处拟继续出发视察之经费，可设法暂为扣集。不一二载，可读之书必多。著者与读者，俱有进步，俱有利益，彼时再提创视察，庶合直观之意，否则空观而已。

二曰无读书之力也。西文不能要求一般教育者以强读。其较易者，莫如日文，出版亦多，售价亦廉，未始非读书之一捷径。唯余所谓读书之力者，不仅指文字而言，读书读书，书被我读也，不可我被书夺；或曰日本之书岂可读。国体不同，思维悬殊，纵不至我被书夺，即书被我读，亦何益哉。虽然，余之所以劝习日文，非读其今日之书也。今日日本之书，读其表面，尤须读其里面，读其里面之力，非文法已也。须别具一种千里镜，凡事预则立。余料不久此千里镜可以无用，彼时大有可读之书，及早习其文字，明达君子，当亦可先见者也。

五四前后的日记

经亨颐

1919 年 5 月 6 日　有小雨。校课休讲。九时，至教育会，开青年团筹备员会，到者不多，未能开会。钱均夫、计仰先等来客甚多。柏园、墨君邀梦麟等至西悦来午膳。忽闻报载京师学生滋事，章宗祥被殴毙命，此事关系甚大，即由会拍二电致国务院及教育部，切勿操切！即晚，在会宴杜威博士及其夫人。散席后，又同至凤舞台观剧。十时返寓，梦麟亦来。

7 日　晴。晨，蒋梦麟因大学事，乘早车返沪。八时，至校授课。返寓午膳后，略休息，即赴会。自三时，开讲演大会，杜威博士讲平民教育，到者不下二千人，五时散会。即晚，余与文叔宴青年团董事，而鲍乃德亦宴杜威，余不能去，他客亦有因此不到者。

8 日　晴。九时，为北京学生事件及杜威谈话会，集各校长商议办法，又拍一电。即午，李垕身在新新旅馆宴杜威，余不得不去；又有一美国人自俄国来，述过激党情形，颇可研究。二时，由新新旅馆至校。明日为国耻纪念日，余因事，希同事代施训话，无人，不得已提早明晨七时举行。

四时，开校务研究会，亦无何等得体之论。即晚，善交社公宴杜威，余为主席，直至十一时，始散。

9日 晴。甚热。今日为国耻纪念日。七时，到校，集全体学生施训话。八时三十分，即赴教育会，与各校职对杜威（讲演）开谈话会，未有如何诚得（心），事近敷衍。即午，伍仲文宴杜威于鲍乃德之寓，余亦同去。食毕，返寓休息。晚八时，又到校，时，扬风猛雨，雹大如拳，校舍倒坏。江苏第五师校在本校住，校长任孟闲本同学，应集会演说，余述时代之理解两面道德论。

10日 晴。八时，到会，又开谈话。即午，邀杜威及其夫人，又鲍乃德夫妇，至余寓便膳，甚欢。下午，同至清和坊等处游览。四时，至西泠印社摄影，余先返。即晚，兄弟烟草公司宴客于总商会，余去一转，即返。

11日 雨。九时，至教育会，吴善庆偕吴石潜来晤。上海美术学校今日在会开展览会。又开评议会。十二时，返寓。午后，至城站送杜威博士行，便至元利购物，即返。闻明晨省会学生将有示威游行会。

12日 晴。六时余，先到校，学生尚未发，略授以保守秩序，切勿妄举。即至教育厅，缄甫接踵，谓学生全体黎明已自后门逸出。电话因风雹，多不通。分别与军警接洽，免致误会。九时，全城中等以上学生三千余人，自公众运动场出发，先过教育会，气甚壮，余出助呼万岁，直至下午三时始回原处，秩序甚好。即午，王赓三邀至西悦来便膳。四时，至教育厅，开临时校长会议，亦敷衍形式而已，少座即返。

13日 不晴不雨。八时，到校，依常上课，余心绪不宁，休讲他出，与荀伯商大学案。昨因表决疑义，今日又附议，而与增加公费案成为因果，反对对当，殊可浩叹！在会午膳后，小憩。四时，至木场巷，方倪幼亭，因运枢托取回押款契据，返寓一转。即晚，郑佩之昆季在寓宴客，余亦往陪。

14日　雨。今日为本校纪念日，放假。八时顷，至省议会前，访陈一易。昨日又为大学案，一哄而散。略谈，即赴教育会，即邀大白、光甫来，亦无妥善方法。返寓午膳，匆匆至城站，乘十二点五十分车赴闸口，与之江大学校友登小汽船，至胡西教员住所。今日为善交社例会，有载洛（美国人）述俄国过激党情形。五时返。

15日　晴。八时，到校授课二时，学生要求谈时事。在校午膳后，小憩。严范孙来，临行拜客，即乘快车去矣！三时，至教育会。今日商会为抵制日货事开大会。余先至中国银行，访蔡谷清，询鹤卿先生下落，同往商会傍（旁）听。亦提议议员加公费事。又至会一转，即返寓。晚膳后，偕妻、子等闲步联桥街。菜市桥已全拆。

16日　晴。八时，到校授课三时。午后，至教育会，许绒甫来，谈外间传余好事，鼓动学生。亦不明群众心理者矣！《教育潮》今日出版，持一册即返寓。

17日　晴。上午，在校无课。下午三时，到会开校长会，拟公函致商会抵制日货。今晚，本有夜课，而陈一易忽来条，有事接洽。因至省议会前，乐书亦在，大学案须（许）多猜疑之处，始稍明白，重提或可通过云。

18日　晴。星期。八时，至白衣寺，为故学生王大纶等开追悼会，余略演说一人生死与社会之关系，一事成败与生平之关系。人存政举、一蹶不振之观念，不适于新思潮。生存时与社会不密接，则无相当之预备与相当之含接，故人亡政亡。若其人与社会确有关系者，人存政举，即人亡，亦不至不举也。一事之失败，自恐不振，养成青年悲感之由。近日为山东青岛竭叫，游行示威若仍无效，不知青年思想界如何也？"青岛去，中国亡"，过甚之辞亦可不必。九时，至教育会，开青年团筹备会，议决简章，余又被推为理事长，又秦吉人、陈兰薰、黄文叔、何竟明四人为理事，散会已十二时，即返寓。午后，不他出，闻今日下午各校学生焚毁自购之日货，以示决心，足警动社会不少。

19日　晴。八时，到法校授课。退后，至华英旅馆，访周子豪之父，略谈即出，赴校。午后三时至会，筹划青年团，办法种种，困难！

20日　晴。八时，到校阅报，知省议会情形，愤不可遏，老颜大胆，加费案竟铸成大错。因即赴商会，有顷，多人正讨论此事，有谓非做最后之表示不可。在该会午膳后，八九人同赴省公署，余实不敢赞成。由公署出，即至绸业会馆。五时，开蚕丝改良会，余先返寓，时，雨过。

21日　雨。晨，到校一转，又赴商会。闻各校学生在省教育会开会，将对议会有所举动。商会中人又欲同谒督军，返至商会。午膳后，三时至教育会，开临时校长会，议决明日共往商会，唯半死者居多，亦无如何主张。六时，返寓，来客不少。又闻北京学生有代表四人到杭，明日将开大会，罢课之事不远矣！对内对外并案办理，忙煞学生。

22日　晴。八时，到教育会。各校学生为欢迎北京学生代表在会开会。午后一时，开临时评议会。甫散，返寓一转，忽闻本校学生全体出校，已在议会有所举动。即至商会，始悉因傍（旁）听不平。工商各界均有多人，势不可遏，幸张暄初出为调人，始散，而议员已被殴辱。余即与工商界各要人，至商会开会，筹善后方法，均拟积极应付。

23日　晴。九时，至商会，本拟同谒省长，继思可不必，商定办法，电内部及省外各机关。返寓午膳后，即赴教育会，又开临时评议会。四时，集各校学生代表谈话，唯与昨日省议会事无关。学生联合会之勇气，拟导入轨道。余意学生示威运动究为有限之效力，非达到市民与一般社会接（结）合不可。商会又有电话来，因即往。张喧初在，其宗旨无非一时之调停而已。

24 日 晴。早食后，至校一转，即往青年里，访阮荀伯，便至教育厅。据仲文云，王卓夫有电话，请其充一师校长之职。得此机会，故所愿也！又转至会，午膳后，罗飓伯来谈，据云，省长处匿名控余者甚多，听之而已。傍晚，至商会，不晤一人，即返。

25 日 晴。星期。各校校长在教育会开临时会议，余八时即往商议维持罢课事，亦无良策。十二时，与《教育潮》编辑同人至西泠印社便叙。日夕，返，至会一转，罢课事再四设法。顷据学生等会议结果，再缓三天。

26 日 晴。八时，至金子麻巷，访冯仲贤兄弟，探悉省长对于学生事件决取严格主义，倘一见解散之命，则不知如何收拾？沪报载北京政府态度，未始无因，其何以善后也？即至校，闻医学、一中已自今日罢课，本校尚能遵三天之约，取与联合会一致。定下午开临时职员会，即至教育会。学生等又在该处开会，余略述意见，拟以罢课为多次之举，为本会调停之余地。在会午膳后，又返校，与各职员讨论罢课后之办法，互认维持而已。返寓后，何竞明来，据云查办案已成立，且牵涉赓三。晚上，大白、丏尊等来，谈至十一时，始归。

27 日 晴。上午，先至校，又至会，至厅，至省公署，皆为罢课事奔走。省长之意，如明日万无他法，唯有以特别训令提前放假。返寓午膳后，又至校，至会。而余所处地位，新旧交攻，众矢之的。收放则可，而志不能夺，自今日韬光行事。晚膳后，至缄甫家，谈多时，蔡谷清亦来。本拟请谷清向学生转述仔民先生之意，劝告留以有待，或有效力。而缄甫谓既有省长出任其肩仔，吾辈亦何乐不为，非但反应如何，殊不可料。

28日 晴。自八时至下午三时，在校。省长、督军有连署特别通告，措辞外和而内厉，因集全体学生，施临时训话：爱国与祸国不可分，适可而止，留以有待。明日将罢课与放假合唱，谣言不一，其内含甚复杂，而台酉又思中伤。自思于教育以外无他目的，当局抑何神经过敏也！下午三时，青年团董事等要求开会，作无聊之劝告。余又至教育厅，各校长已集，同赴省公署，其结果：决于明日放假。

29日 晴。八时，至校。学生已表示（罢课），而官厅则认为放假。我校终日沉静。余即出，至中国银行一转，即返寓，不他出。闻他校有冲突者，有已散归者，西子湖头学生之爱国热，暂将闭幕矣！

30日 晴。终日在寓，不他出，休息无事。晚上赓三等来谈。

31日 阴雨。八时，至紫荆桥访黄文叔。昨闻集董事会，不知有何要事，恐官厅误会，兼及青年团也。顺至宗阳宫，访陈乐书，希其转告一易，与旧谊无伤。即赴教育会，文叔、荀伯、静山、雨亭、季铭、谷清等来，拟一劝告文印刷。返寓午膳后，不他出，倦卧不能兴。

6月1日 雨。星期。省教育会开评议会例会，到者甚少，本无所事。转至中国银行，晤金润泉，为省议会当再有所进行。又同至商会，晤顾竹溪，略谈已午，即返寓。下午，不他出。

2日 阴。端午。八时，至当铺弄访冯仲贤，为上虞更调知事，王寄师等公呈挽留，嘱余代递，不涉省议会及查办事。即出，邀不庵、子韶等来寓午膳，且娱乐及晚。

3日 微雨，已似黄梅天气。八时，到校，四年级留试毕业。十时，至教育会稍坐，亦无事可接洽。顺至教育厅，形式的告以校务，即返寓。下午，不他出。

4日　晴。上午，在会。返寓午膳后，小息，即至校，集四年级生开谈话会，又合摄一影，为毕业纪念。即晚，该生等在膳厅留别，余又因刘澄老之召，满饮一盏，即往城站聚丰园。

5日　晴。九时，约蔡谷清同访经寿庵，为诸暨互殴争山事。又访陈乐书、吴澄甫，已及午。返寓午膳后，三时至校，与子韶、不庵商留而不成。即晚，与谷清合东答宴，吴澄甫、陈乐书亦列坐。

6日　晴。八时，至教育会，开临时评议会。因昨闻北京学生数百人被捕，上海已罢市。商议之结果，推余即赴沪接洽。午膳后因即乘特别快车，行过松江时，知该处亦已罢市。七时，到南站，雇人力车至江苏省教育会，即晤信卿、梦麟。西门一带，军警森严，爱国青年往来不绝，店户尽闭，并表以不除国贼不开门等字样。借悉罢市原因亦非由学生触动。协谈至十一时，即宿于梦麟家。

7日　晴。梦麟一早他出。余亦朝北，至宁波同乡会及相识商家，均抱有自动的勇气、民本的精神。闻卢护军使将有伪意的调和，先开市而后电请罢曹、陆、章。今日人民已非蒙童，岂尚被其凌欺！午至王绥珊（处）午膳。天气甚热，待日之夕，乘电车仅达方板桥，又雇车，价百五十文，到桂墅里晤伯涤。略谈，仍至西门梦麟处晚膳。知今日南商会会议情形尤加愤激，恐酿奇祸。明日有罢工及水火全停之说。三日间绝无暴动，已煞费苦心，善后办法尚无从说起。

8日　晴。星期。早车返杭，一时抵寓，倦，卧不得。傍晚，陈一易来，绝不谈及议会事，共便膳去。后，王赓三、刘大白等五六人来，询上海实情，因此间官厅伪告商会"沪已开市"也。呼！为民上者，以欺骗度日，可笑亦大可恨也！

9日　晴。今日省城全体罢市。八时，至教育会电探情形。又至中国银行，亦已决定。及午返寓，"不除国贼不开门"之（印）刷品，已遍贴矣！午后四时，至商会，正在开会讨论维持秩序方法。官厅尚无何等举动；工党亦有动机，咸为可危！

10日　有雨。今日为阴历五月十三，谚云"磨刀水"，经验之谈，洵不误也！闻中等学生之在杭者，尽出而讲演维持秩序，而官厅仍寂然，其态度大可研究。阅沪报，有主述开市者余亦赞同其说，恍知罢曹、陆、章有重大关系。拟明日劝学生撤回，不可不见机也。余终日不出，时事前途不可推测。

11日　晴。罢市已三日矣！晨六时，至校，与本校学生暨附校各教员谈时事要感：上海愈演愈剧，此间军警亦不怀好意，倘罢工后则更不堪收拾，嘱注意，勿坚持，非另想办法不可。返寓早食后，又至教育会、中国银行，闻有台人冒会友，电询本会如何举动，亦中伤之一策，可恨孰甚！晤谷清，知昨、前两日兑银已达三十余万元，杭城人士之浅见！下午，不他出，大白、肃文等来谈，阅申报知天津又罢市，而段且将上台，有意搅乱，伊于胡底！

12日　晴，甚热（在教育会始闻知了声）。七时到校，又到会，杭报已载曹、陆、章免职，可望开市，而警察有强迫行为，致人民又误会。清和坊一带，聚众不靖，几乎暴动。商会总理临时辞职，副会长金润泉邀余去商量办法，张暄初、夏定侯等均在，不得已主以仪式镇之。学生在公众运动场集议，余即往疏通。决议游行，感谢商界并劝告开市。至四时，与商会各业董事会合执旗同行，凡经过，皆鼓掌，店门均随之而辟矣！不费军警之力，可使其一大觉悟。官厅有愿同行者，且婉拒之。民治精神，可贺！可贺！六时，返寓，洗澡休息。

13日　连番雨。上午，至校，至会，又至中国银行一转，大街秩序如常。下午，赓三、肃文、仲九等来谈，因闻安福系有谋教育会之举，共筹对付。本届大会，竞争必更剧也。吁！政党注意及此，乱我清净教育界，可恨！

杭州回忆

经亨颐

　　"未能抛得杭州去，一半勾留是此湖。"白乐天的这两句诗是我居杭十二年的根本原因，学校的兴趣，当时一堂弦歌，所谓得英才而教育，固然很可回味，但只好算过去的余事，西湖是永久可以任我优游而且觉得更可爱的。今年重阳应在杭同学之约，小住数日，集八十余人欢宴，唱碧梧校歌，依然如在明远礼堂中，而且各以公务员着制服，一如当年校服，尤为引起旧感，秋风黄叶，使我依依不能去。翌日晤越风社主编黄萍荪君，很诚恳地嘱我写一篇两级师范学校回忆录，社会的眼光，或以为有若何特闻，涵养于长期的十年教训，写出来实在没有意思，不过"惟教学半"这句话的确有道理的，至诚可感人，尤其是师弟之间，天然情义，清苦的教育事业，大家所以都愿意干，无非为此，我且率直地随随便便写在下面。

　　凡事有缘，我于杭州或者可以用得着一个"缘"字，因为两级师范开校那一年，我还在日本高等师范本科一年级并没有毕业，我的先辈许季茀、钱均夫、张燮和是那年恰好毕业，何以不回来呢，监督王孚川先生曾先去聘请他们，据说不愿就教务长。又和我来商量，我当然也不能答应他，他弄得没有办法。后来他向同乡会请求公举一人去当教务长，同乡会专程开了一次会，他们三位不到，我照例去出席，结果竟公举了我回来承其乏。那时同乡会的精神很好，一经决议是不能不服从的。我呢，那时还是一个苦学生，已经自费六年把家里的田产卖了维持，又自己译书，经济非常拮据，正是难以为继的时候，加以同乡的劝勉，就贸然应命了。正好本科一年级学年终了，于是就向学校休学一年，又承校长嘉纳治五郎先生的允许，并且指导我种种要点，又请他介绍一个图画手工教员吉加江，而王孚川先生已聘定早稻田的一个教授中桐确太郎担任主要的教育。其中我还有一种为难情形，因为嘉纳先生有些不乐意，他说早稻田派的教育不纯正的，无奈聘约已定，我和他们两位日本教员，赶程回国。两级师范是民国纪元前四年四月十五日开校，我赶到杭州已经是四月十三。到了学校，指定一间房子给我，一张床一张桌，其他一无所有，仅两天的工夫，把锣鼓要敲起来，现在回忆的确有神助的，好在我临行时将日本高师内部办事情形，详细调查带来勉强应付。我那时是一个西装少年，开校那一天，当然就地长官，抚台以下提学使等大家翎顶辉煌，先行谒孔礼，我曾以西装也一同三跪九叩，两位日本教员和我跪在并排，还要低声地笑。十五开校，迟到十八就正式实行上课，糊里糊涂，毫无根据地把课程排了出去。全校教员，都是由什么什么大宪介绍，全不相识，配来配去，终觉得文学教员太多。最可记的一次笑话，某教员是抚台介绍的，他上国文课，不知道从何处选了一篇东西，内中有"绞脑浆"三字，不巧缮写者误写了"咬腊浆"，学生问何解，他说古人勤学，寒冬不暇暖食，将腊浆就是冷的东西，随咬随读就是了。学生大哗，立刻跑到我这里一定要我亲到讲堂去看，我不得已只好去。果然三个字写在黑板上，某教员已经被责问而退了。我一看只是没有办法，顾不得抚台不抚台，即刻向监督要求解聘，某教员就此滚蛋，于是学生一致信仰我的率直，由此起点。

光阴很快，一年的休学期已满了，大家以为我教务长做得津津有味，一定不再去求学了，也有暗中讥笑的排斥的，我听了实在可笑，如期毅然告辞，终算承提学使的原意，给我正式官费一名。可是到了日本，销了休学的假，翻开书来，实在有些荒疏了。我本是物理化学科，在一年级的时候，实验化学，突不可当，要想改科，只准改数学物理科。数学比化学更难，考虑的结果，下了决心，改入数学物理科，倒也勉强毕业。不过这两年中，完全为拍拉司马合诺司闹得我不能兼顾其他主要的教育等科。老实说一般理科的学生本不十分注意的，但是我特别对于吉田静致先生所授的伦理觉得有相当兴趣，所以不但他所讲的，还有他所著的伦理学全部都买来参考，这是我一生最值得自慰的一件事。我离开杭州忽忽二年中，两级师范换了六个教务长，第六个走的时候，监督是徐班侯先生，找不到人，学生中竟还有记得经先生可以毕业回来了。徐老先生即刻打电报给我，那时我毕业试验恰好完了，毕业式还没有行，文凭还没有到手，我想不管他，回去再说。所以我的文凭领来手续特别讲究，是由监督申提学使由提学使转日本公使向该校校长取了寄来的。重到杭州，相见甚欢，一位日本教员中桐确太郎还在，我和他论友谊是还好，我第一次回来的时候，他以为我在日本不过一个学生，回国来居然当教务长，有些看不起我。而且他口头常有侮辱中国的话，我当然不让他的。第二次回来相见，态度不同，我想你还在，分配教课，因为伦理课有人担任，我不愿意由国文教员担任讲一套毫无意义的伦理，所以请他讲。他竟嘲笑地说："伦理可以请外国人教吗！"我恨极了，我说我请你教世界伦理史，不是请你讲日本伦理。结果，仍改请最有名的某国文先生担任。看看他的讲义，无非极尽小学和字类统编的能事。转瞬暑假，又恰巧杭州教育厅要办一个暑期讲习科，也要求我讲伦理，因为理科和文科一道鸿沟不容易打通的，终觉得不敢尝试。后来无可推却，就把吉田先生的书一起搬出来，温习了好几天，编了讲义，自问可以试试看，兴味甚佳。所以暑假后校内的伦理一科就大胆地在担任教员姓字的地方，举笔写了一个"经"字，揭示出去。学生奇怪之至，教务长也能讲伦理吗？也敢讲某先生讲过的伦理吗？我大踏步地去上课了，讲了一点钟，开场是伦理学的定义，学生竟有些识别力，恍然密语，才知道某先生所讲的不是伦理学。我自此接着后来第一师范以及法政学校等，居然做了七八年杭州的伦理教员，我的思想根源，就是从这里来的，什么过激，什么德莫克拉西，再后再后，也可说20世纪思潮的大变更，过激等等口号，不过自然生长出来的枝叶，不足为奇，最简单地说个理由，两句话就可以明白：

（一）道德不是千古不变的；

（二）道德判断没有客观的标准。

这两句话的伟大，可以把一切伪道德，模型的道德，桎梏的道德推翻无遗。道德是有机的，是随时代演进的，绝不是未有人类以前，那一个上帝预先制定的，又不是既有人类以后那一个圣人任意假造的。"自由"是所谓新道德的一种，而他的精神完全是尚纪律，一方面看去是自由，一方面看去是纪律，不可以如何下一个永久的定义。道德判断孰是孰非，也绝没有客观的标准。譬如今天气候，你说冷我说暖，可以看寒暑表就解决，善恶表无人发明。相传古时有一种角兽能识别人的善恶，名曰解廌，形似鹿，性忠，见人斗则触不直者，所以古写法字，加了一个廌为灋，取平之如水，不直者去之之义，那是"廌"的东西可以做道德判断客观的标准了。一切罪疑可令其一触便分晓，科学上那里可以允许呢？我想一定当时法官的黑幕，如江湖上鸟衔牌，此兽或因某臭气某颜色必触，贿重者大可设法使之不触，而触他方，古人愚即俯服，何以现在找不到这种动物，我想把世界上两大汹潮请他触一触。道德既没有客观的标准，善恶共存，所以，我说天下乌乎定，定于二！可说天下永不定，不定于二！

我在杭时期，两级师范仅二年，第一师范较长，不在于学校降格，兴趣更好，这是什么缘故呢？因为两级师范内容复杂，凡是有两种程度的学生合在一起一定办不好的，所以我本此经验，现制初级中学和高级中学，绝对不主张合办，无论同一名义，也应办在两处。我平时对学生，并无何种特别手段，而且决不主宽是极主严的，所谓主严，不但对学生，自己办事上首先要主严。第一关键是入学试验，招进来的新学生基本好不好，和学习成绩好不好大有关系，第一师范以后的学生，个个是我亲手招进来的，招生人数与学额差不多要一与二十之比，无论何人送来的条子一概不理。夏丏尊、李叔同、储申甫、范允兹、胡公冕、姜敬庐等以一贯的精神，决不计较劳苦，自动的课外工作很多很多，这是现在各校教员所少见的。李叔同就是由第一师范出去直接做和尚的弘一法师，当时南京的高等师范重金来聘他不去，一半也是抛不得杭州，结果仍受天竺灵隐的影响而出家，他的人格，感动学生很大，所以当时第一师范内学生的精神，我唯恐大流于汹极，后来何以闹出什么赤化，非孝，轰动一时的所谓"浙潮第一声"来呢，现在调查起来的确以共产党招牌而惨死的历历有十余人之多。当时校内有力的国文教员称为四大金刚的陈、夏、刘、李，陈是陈望道、夏是夏丏尊、刘是刘大白、李是李次九。"自有家酿，不食沽酒"，这是第一师范当时堂堂皇皇的态度，学生中不能说没有急进分子，但是我所知道后来惨死的人，都是因为第一师范风潮失败以后愤而到上海才加入共产党的，岂不是当时官厅压迫的措置要负其责吗？我于民国七年偕杭州教育界多人赴日本考察，在神田书店中才发现一本过激派的书，买来细细一看，思想的根源仍不出我所熟读的吉田先生的伦理讲义，我回到杭州就对学生彻底训话，师范生以教育为天职，逐渐使社会思想改造，都是毕业以后应当做的事。无如当时的官厅，终以为蛛丝马迹，简捷的办法，是把我免职，即刻移交渡江。后来风潮愈闹愈大，如何收拾，我又以省教育会会长的资格，返杭调停而歇！

第一师范而外，我还有不能不回忆的就是省教育会，我任会长也有七年之久，现在平海桥畔教育厅作为办公的一所房子，终算是我在职期中向各方捐募而来建筑成功的。离杭以后曾两次重游西湖，过其门不觉耿耿，社会上自己集资的公共建筑，不能保持社会上自己享用，将来社会事业很难希望发达。原来省教育会到现在已是无声无息，究不应省教育会可以不必，而把他的建筑充公，改为别种社会事业，难道用不着吗，而且我以为省教育会或改为文化教育馆，有努力进行之必要，翘首之江，热心教育者不乏其人，利用此现成之基础，正式提出请求，或可复兴。企予望之！

浙江第一师范回忆录

姜丹书

前浙江省立第一师范学校，为过去十余年前的一个寻常中等学校；然这个寻常中等学校，却具有几分"怪杰性"的；所以学校虽成过去，而社会人士尚往往记念着。

《越风》编者黄萍荪先生指定这个题目，向我拉稿，我以不文，且又不大好写，所以再三辞，无奈他亦再三拉，拉拉不已，我乃问曰：第一师范的遗老遗少颇多，何以偏要拉着我呢？他笑而答曰：因为你任职最久，所知较详。哦！讲到这里，我倒慨然自任，我的确是先第一师范挂招牌而进，后第一师范落招牌而出，一口气十足做了十四年的老饭桶（民国前一年起至民国十三年止），肚皮里不无些小掌故，姑效那唐朝的白发宫娥，闲话这第一师范。

第一师范的前蜕后化

民国元年春间新挂招牌的浙江省立第一师范学校的前身，就是同时新关门的浙江两级师范学堂。这个"堂"字和"校"，便显示着两代学制蜕化的痕迹。（前清各级学校，都称学堂，民国元年始改称学校。且所谓省立国立等字样，亦自民元起才有这个崭新的名目。）当时浙江十一府，各有一所省立师范，此十一之一的第一师范，本无他种特别，不过因得承袭前身所遗下的一笔大家产（两级师范是包含优级初级而言。——前清优级师范即民国学制所改称的高等师范，当时办有数学、理化、史地、博物、体操等专科，至民元易牌为第一师范时，犹带办一班高师图工科，故校舍甚大，各种设备甚富。——两级师范，先为三年制的，后改为五年制，初称完全科，旋改称本科师范），所以校舍特别宏大，设备特别丰富；又因居于省会，且承袭着历朝产出人才的淘锅的贡院遗址，居然像煞个"大阿哥"的样儿。

可惜这个大阿哥的寿命，共只12岁。到了民国十二年的下半年，因兴行"中师合并"制，被名叫"第一中学"者一口吞在肚子里。那时尚有正在肄业中半生未熟的几百个分子，就在这赛过晚娘的肚皮孕育而成。

第一师范的校长人物

民元，由前两级师范教务长经亨颐氏改任为第一师范校长，至民八寒假止，教厅改任王更三氏，再四辞未受职。又改任金布氏，未克正式接事。改由陈成仁氏代理一个月。嗣又改任姜琦氏继，至民九暑假止。改任马叙伦氏继，至民十一暑假止，改任何炳松氏继，至民十二暑假止。以后改组为第一中学。

第一师范的人格教育

民二三间，江苏省教育会首倡"职业教育"，浙江省教育会则相对的倡导"人格教育"，其时，浙江省教育会的领袖，即第一师范校长经亨颐氏，他曾以自己的教育主张，实施之于自己所绾的学校，熏陶淬励的结果，颇著一些成效。现在约略追述如左：

（一）校训为"勤慎诚朴"四字，平日训练，即以此四字为归。

（二）经氏自己的性情，殆可称为"刚直不阿，真实无妄"，就此以身作则。——下一些注脚吧：他对于"声色"，非常之端正。他对于"货利"，非常之干净。他对于"事理"，剖析得明白。他对于"用人"，大公无私，既信不疑。他对于"行政"，从大处着眼，先潮流一步，他所认为"是"的或"非"的，主张石硬，别人不易左之右之，所以他有"经钝头"的徽号。

（三）一般教师，都能切实训练学生，学生亦能心悦诚服地受训练。——其最大原因，一般教职员，都是久于其职者，能视校务如家务，爱学生如子弟，故学生的信仰心甚坚。

（四）五年"兵式操"，不弱于三个月"集中训练"。——当时第一师范的中队，练得形式严整，精神壮健，真可上得战场。且所用的是真枪，只要一声口令，不怕前面是泥洼，保管他们"扑"的一声整队困下去了！可惜五四运动以后，受着一般潮流，误信欧战结果，到底是"公理胜于强权"，乃从此软化下去了！现在想想，到底如何？

（五）学生一律是和尚头，一律是布制服，一律须自洗碗筷，一律能荷锄浇粪。——此皆今日之所倡导者，第一师范早得风气之先。

（六）尊重学生个性，使得向各方面发展；并不束缚其思想，只是加以适宜的指导。——因此，所成之材，各种都有。除大多数当然服务小学教育界及掌理县市教育行政为其天职外，颇有许多超群的党务人才、政务人才、军务人才、外交官、大学教师、艺术家、新闻记者以及和尚等，都是呱呱叫的。

（七）民七八间，浙江省议会有少数议员，提出自己加薪之议，一般民众敢怒而不敢言，此时一师多数学生联合他校同志，赴会旁听，意在监视，难免冲突，卒以打销，人心大快。其影响及于江苏省议会潜泯此议。——其实此时的学生，是居于民众地位而自动的，然而经氏从此遭忌了。是役也，茶肆清谈，称为"第一师范打省议会"，这个"打"字，似乎说得太严重一点。

（八）民八冬，经氏被解职时，学生信仰甚坚，官厅误会甚深，乃激成一个"大风潮"。初则学生请愿官厅挽留校长，再四不允，继而学生提出继任校长人选希望标准，又不纳，最后学生乃一致团结不散，而对内对外，秩序甚佳。直至民九春季开学后，官厅与学生间激荡已久，卒至官厅派武装军警数十百名，预备黄包车二百辆，武力解散，总以为可以一鼓擒拿，灭此朝食了；不料自鸡哥哥报晓时动手起，一直弄到近午，尚无办法。然而学生有何本领吃得住这个呢？唉！毫无本领，并不将自己也能"操中队"的武力来抵抗，只是一味"不怕死"的"精诚团结"，似乎所谓"无抵抗"的抵抗，这班小孩子，委实可怜而可佩的！其实呢，岂有数十百个武装军警，当真会吃不落一两百个无拳无勇的学生（寒假后人未到齐）之理吗？不然，不然，实因军警也是人，人心是肉做的，肉做的人心总有理智及感情的，大约此时的军警，也不得不发现出"理解力"及"同情心"，不肯过分"意气用事"，闯出"流血"大祸来，对己对人对上官，三面都不是，所以弄成相持不下的"围困式"的僵局。起初动手时，人不知，鬼不觉；既而大门以外的闲杂人等知道了，然只是听得围墙之内，哭声震天，究竟在内玩什么把戏，还莫明其妙；到后来，各校学生知道了，乃如潮水般赶到解救，尤其当头炮的女学生，军警未便难为她们，于是乎围解，哭歇，鲁仲连（值得纪念的中国银行故行长蔡谷卿先生）进，滑稽剧料理收场，已是暮色苍茫近黄昏了。此事在今日看来，只是一副"颜色眼镜"害人而已。

第一师范的新文化运动与经校长下台

新文化运动起于北京大学，人都知道。就浙江说起来，恐怕要算第一师范首先迎接这个潮流的吧？关于这个，也有一些故事可谈。

一、四大金刚　当时直接推动文艺思潮者，是四位国文教师。——夏丏尊、陈望道、李次九及故友刘大白，一时有"四大金刚"之称。喜之者恨不得抬他们上天，嫉之者恨不得打他们人地。其实自视，仍旧是个"人"，并没成菩萨，也没变鬼！

二、过激党　民七八间，一般人对于党的观念，颟顸得很，不问他是什么党不党，只要思想或言词稍为新奇和激烈一些的，一搭而括之都称他为"过激党"，那么不由你申说，第一师范自然是个过激党的策源地了吧？

三、非孝　那时，一年级学生施存统，做成了一篇未成熟的白话文，在刊物上发表了，题目干脆叫做"非孝"。这个题目，却是可怕，他的说法，自然也不会健全，他非但是仅仅乎一年级的学生，并且据说他因受特别的刺激，所以如此现身说法的。然而此说一出，全国震惊，这固然是应有的反应；不过所奇者，这个垃圾担子，又硬推到姓经的身上去了！其实经氏非但不会授意，不会同情，而且其人其时正在山西太原出席"全国教育联合会"，做梦也没有想到！

四、独见 "非孝"的反响，就是"独见"。同时，学生之中有名叫凌荣宝者，他一见非孝之说，便立草一文，为有力的反驳，且特出刊物，洋洋数千言，当然是"非非孝"的主张。名此刊物曰"独见"，后来他的名字也就改为独见。这个独见的举动，固然也是凌氏自动的表白，与经氏无关。然而所奇怪者，当时一般流言，只闻以"非孝"的罪名来攻击经氏者，未闻以"非非孝"的令名来将功赎罪，而洗刷经氏或拥护经氏者也。

五、非孝、废孔、公妻、共产 这八个字，是当时攻击经氏最有力的工具。说道经氏是过激党的首领，非孝？！废孔？！公妻？！共产？！是经氏的政策，此真冤枉极矣！经氏之孝，他的老亲友都知道。废孔吧，直至我走出校门时（民十三夏），那座固有的至圣先师牌位尚在大礼堂的楼上，并未劈开当柴烧。公妻吧，经氏对于男女之间十分端正，老友新友都知道。至于说到共产呢，我只知道经氏不贪产，不蓄产，他不共人家的产，也无产可给人家共，如此而已。此皆十八年前的旧话，在今日看起来，真有点儿像"莫须有"云云的。

六、钝头钝到底 前面不是说过有"经钝头"的徽号吗，经氏平日倒是常有倦勤的表示，但至官厅真个要讽他辞职时，他倒反而强硬起来了。当时的督军是卢永祥，省长是齐耀珊，教育厅厅长是夏敬观。卢氏倒没十分成见，齐氏的颜色眼镜戴得最深，意气也最盛。夏氏顶尴尬，对齐氏，却如旧式媳妇见了凶阿婆似的，但对于经氏，又未便以准阿婆自居；况夏老先生是粹然儒者，而当时厅中对于中等学校校长是用聘任制，更不得不客气些，真要叹一声"好教人左右为难"！用尽苦心，面面不讨好。后来固然扪着鼻头，碰着几个钝钉子。

第一个钉子：齐氏嘱使夏氏转令经氏立即开除那非孝的学生，经氏说：该生留在校内，尚可积极地把他教好来，倘若消极把他开除出去，谁再教他呢？既认为不好，又无人教他好，岂非永为不好的分子，妨害社会吗？夏氏无以难之。

第二个钉子：齐氏再嘱使夏氏讽经氏辞职，经氏又说：校长我本不要做了，但我如要辞职，当然会自动地辞，不应该出于你的讽，现在我决不辞职，请你撤职罢了！你即刻撤，我即刻走。

第三个钉子：官场做事，其时很不讲面子，但有时却很讲面子，齐氏视经氏确已如眼中钉，然因为他究竟是个绅士，未便干脆撤职，于是用"调虎离山"之策，嘱使夏氏下令调任经氏为教育厅的最高级职员（名目已忘记，好像是全省教育咨议或顾问之类，总之名目很好听的）。那件公事上，当然有些戴高帽子的话……台端德高望重……堪以……云云。经氏又辞不受命，说道：本人既是"德高望重"，为什么又要叫我辞职呢？

如此缠夹不清，难为了夏老先生，好像一个驼子，夹在两块台板之间，弄得啼笑皆非，结果就算是无形免职了事。

经氏交代，早已准备好，确是即日交卸。

接着委王，不受，再接着委金，受而不能视事，于是乎大风潮以起。

第一师范的艺技空气与和尚种子

第一师范的艺术教师，统而计之，不过五人，李叔同、金咨甫（已故）、金玉相、周天初及我，我的任期最长，贯彻始终，而且前后出头，所教的是图画工艺。叔同自民元秋起至民七夏止，所教的是图画音乐。叔同入山后，咨甫继其职，后来添一个玉相分任图画，再后来又添一个天初分任图画。

第一师范艺术空气之浓厚，大家都知道的，这个风气之所以造成，自以叔同为首功，我不过追随其旁。其他诸友能继其绪而不坠，一般成绩，大概皆能超出乎寻常，几个天才学生的成绩，真能加入几等，如今日已相当成名者。图画方面，如丰子恺、潘天寿；工艺方面，如何明斋、王隐秋；音乐方面，如刘质平、袁一洪等（高师图工科的专门人才不计），皆成了专家。他们之所以成功，原是由于出校以后的努力居多；然而第一师范总是一个入道之门。

当年之艺术家李叔同，即今日之高僧弘一法师，他已成为将来续高僧传里的一个重要人物了。他真有魔力，他真有神通，他当艺术教师时，能使学生信仰艺术；他做和尚后，又能使具有宿报的学生学他做和尚；第一师范毕业生之做和尚及为居士者，颇有几个呢！弘一法师的成就固多，而毕业生中效法他出家的大愿法师（杭州弥陀寺）、蕴光法师（天台国清寺）等，亦皆有守有为，不同凡僧。

第一师范的学生自治与毒案

提到"毒案"二字，我便觉得心跳起来，汗毛孔张起来了，——一餐夜饭，——六小时以后，两三天之内，——死了24人，病了190余人，——24口棺材排队，——排在雨天操场内，六口一排，共计四排，——后来东窗案发，——据说是半瓶砒霜作祟，——结果，又囚毙一命，绞死二命，事隔多年，更枪毙一命。

此事之前因后果，大略如左：

民十前后，就流行"学生自治制"，第一师范当然迎合这个潮流，实行开放学校管理权，而实行学生自治。一年级学生有名俞尔衡者，掌管自治会里的经济，因挪用亏空，被全体同学指为"吃铜"，要求校长开除。校长何炳松氏宽厚为怀，不肯遽尔开除，只令俞赶紧设法自行弥补，此亦可谓维持调护，不失教育家的态度，其时为民十一年冬，将近放寒假之事也。

不料民十二阴历正月初十外，俞尔衡虽从诸暨家中回杭返校，而仍无钱可以弥补。约于正月十七日春季开学，至正月二十二日，忽起滔天大祸，即是日夜饭，吃者200余人（初开学，人未到齐，吃者教职员及校役少数，学生大多数）。无不腹痛如绞，大吐而特吐，这许多人，集中倒卧在大礼堂及另外几室的地板上，哭的哭，滚的滚，一片惨状，难以形容。及半夜十二点顷，死一人，既而又死一人，既而又死一人，陆续死下去，直至第三天共计死去24个活泼鲜跳的小伙子（其中校工二人，学生22人）。那时是星期六的晚上，初由校医应付，无何措手，立延几个医生帮忙，仍无所措手。至翌晨，由近及远，传遍杭城，观者如潮，闻者咋舌，真不啻天翻地覆，疑神见鬼。西医自动加入救护者数十人。再翌日，声浪已传至上海，加之校中函电告急，故英美德日各国医生赶至观察及参加解救工作者亦有数人，然而最奇怪者此时解救只管解救，仍不知犯的什么病也。因为事发之后，固将当时剩余之饭，送请医药专校及浙江病院等处化验，然至第三天始得确认饭中有大量砒毒也。

这许多砒毒，果胡为乎来哉？不用说，这个奇事出来之后，负有职责的检察官、侦探员，一齐上学校行使职权。毒既在饭，那自然不管三七二十一，先将烧饭司务捉将官里去再说。于是乎由烧饭司务名叫钱阿利、毕和尚二人供出系学生俞尔衡威吓利诱，唆使他们放的毒药，于是乎俞尔衡亦捉将官里去，后来研讯之下，又知毕业生俞章法亦系从谋，于是乎俞章法也捉将官里去了。

这笔官司，经过多少侦讯，多少辩护，一审，再审，三审，终究判决，俞尔衡、钱阿利、毕和尚皆处死刑（毕和尚先已病死狱中），俞章法等有期徒刑。民国十三年二月十二日执行俞钱二人绞决。俞章法因了数年，迟早本可重见天日，后来又犯了越狱杀人等罪，且已改变姓名逃往四川数年，本又可以隐瞒过去，不知怎样，他忽然回诸暨故里，更做什么活动，被人告密，再被执而枪毙。

凡事每当图始之时总不免有多少牺牲，此牺牲，自然是为了试行"学生自治"初步的颠踬。有些人责备何校长的废弛，其实讲句公道话呢，亦不能深怪何氏。一则此种事变，真是世界少有，即使真有神仙，亦难逆测预防；二则此种事变的近因，固如上述，然以远因而论，岂是一朝一夕之故？不过何氏当年，刚好晦气，遭些冤怨，亦只好忍而受之。况就实情而论，非但为校长者当然心痛，即我等为教员者，亦自谴教导无方，致阶此祸也。

当时曾有一种流言，说是这个举动，具有政治背景的。因俗呼"一师"的名称混同，而下错了毒手！盖当时"第一师范"因缩称"一师"；而第一师范隔邻的"陆军第一师"亦缩称"一师"；这个流言如何解释？究竟有没有道理，恕我非神非仙，不懂不懂。

记载这件奇案之文字，有一本书名叫《浙江省立第一师范学校毒案纪实》，此书系本校出版，撰载当时事实的。其中载有医专校毒物鉴定书及医生宣言等，但出版之时，司法方面尚未判决，故未载及判决书。查第一审判决书载在民国十二年八月十六日以后数日的《申报》，第二审判决书载在民国十三年五月一日以后数日的《申报》。至于第三审的判决书，已失考。附记于此，以备研究现代教育史家参考。

关于第一师范种种，就我记忆所及，仅止于此了。至于挂漏之处，自然难免；不过大体上总可以说不差了。

施存统的《非孝》与"浙一师风潮"

姜丹书

施存统，金华人，即施复亮的原名。1919 年他是浙江省立第一师范学校（五年制）二年级学生（此时我在该校教课已届 10 年）。此校的教导宗旨，一反当时封建式的严厉束缚学生思想的常规，主张重视学生的个性，只在思想上加以合理的辅导，不加硬性束缚。尤其在五四运动以后，思想上大大解放，制度上亦已实行"学生自治制"。学生会办校刊，作为大家发表作品的园地。一师的这种做法对当时教育界具有民主进步的推动作用，因而也就被当时封建反动势力所忌妒，视为眼中之钉，正在这时就发生了施存统在《浙江新潮》上发表《非孝》一文的事情。

此文之所以发表以及其所发生的影响，大概如下：（1）施作此文的初步动机，是由于其父异常虐待其母，而他自己难乎为子——顺父逆母，不孝；帮母斗父，亦不孝，然则如之何而后可？于是深入一步思维，认识到这个矛盾，是由于中国的旧伦理观念根本不对头，乃联想到一种新学说了。（2）由于第一师范向来开放思想自由，只加辅导，不加束缚，所以施从克鲁泡特金的著作上和国内一些新杂志如无政府主义刊物《进化》等言论上，看到了许多新学说，结合到自己的处境，便相信"要改造社会，的确非先从根本上改造家庭不可"，因此就写了《非孝》一文。同时，又想到言论自由、出版自由，都载在民国的宪法上，所以鼓足了勇气，就把此文公开发表，向"封建式的家庭制度"开了这一炮。（3）此文内容大意，是要打倒不合理的孝和行不通的孝，并不真像那些顽固派所加罪名那样，对孝字的全面否定；这些话，后来施本人也曾和我谈起过的。（4）这个炮声的反响，不但震起了第一师范的正义斗争，还连累了《浙江新潮》的横遭封闭。

此文发表后，在社会上有相当冲击，一时好像飚然起了一阵罡风似的，很快就传遍全国。有些人哗然骇怪，而所攻击者，不重在施存统个人，却是扩大到整个学校，特别集中在校长经亨颐身上，作为政治上"倒经"的把柄。《非孝》一文不过是一个导火线，接着就由反封建的言论进而与军阀官僚开展一场实际的斗争。

浙江省立第一师范学校的前身是浙江两级师范学堂。两级师范是清光绪三十四年（1908年）春间正式成立开学的，早在筹备期间就聘日本东京高等师范学校留学生经亨颐为教务长。民国成立，他改任两级师范校长；1913年遵照教育部令改组为第一师范学校，他仍继任为校长；直至1919年秋发生《非孝》问题时，他领导此校已历十几年了。由于他的办学精神和为人风格，造成正义坚强的学风。他的思想方面，积极前进，总是走在潮流前头；言行方面，正直不阿，不畏强御。这些特点，最为封建军阀官僚及其附和者所忌妒。在第一次世界大战结束后，又经过五四运动的激扬，新思潮与旧思想，开始正面冲突。当时蛮语，叫思想进步的一派曰"过激主义"，这是最犯忌的。有权势的和顽固的人视第一师范为"祸水"，尤恨经子渊如眼中钉，只怕没有题目，一有题目当然要大做其文章了。

现在好了，题目来了，第一师范提倡"非孝"了（不说是某一个学生），这不是"洪水猛兽"吗？当时的浙江省省长是吉林人齐耀珊，他尺把长的胡子气得根根翘起来了！记得这篇文章是那年11月里发表的，恰巧这时经校长以浙江省教育会代表的名义往山西太原出席全国教育会联席会议去了。以齐耀珊为首的反对派正好畅所欲为地大大酝酿一番，布成"倒经"的阵势。他们在酝酿中，就捏造"非圣、蔑经、公妻、共产"八字为经子渊的罪状，又把夏丏尊、刘大白、李次九、陈望道四位语文教师目为"四大金刚"。因为四人都是灌输新思潮的语体文教师，所以也被视为眼中钉。

11月底，经校长回来了。齐耀珊暗命教育厅厅长夏敬观讽经辞职。经是向来有名的强项者，当面拒绝，说道：我办学十几年，固已厌倦，本来要辞职的；但公职予夺，权在执政；此身进退，当由自主，故自辞则可，受讽而辞则不可；如以我为不合，请撤职可也！经子渊的生相，巨眼赭鼻，瘦长挺拔，声戆语直，当场神气自然不会好看的。人短须长的夏敬观吃着这个冷面，只好吞吞吐吐地直奏上司。齐胡子碰了这个隔壁钉子，却也无可奈何。

过几日，齐又命教育厅转令经校长：开除学生施存统；辞退教师夏丏尊、刘大白、李次九、陈望道。经又拒绝，说道：青年学生本是交给我们教的；在尚未教好时，我们不能放弃责任，一定要教他好来；施存统言论即使失当，然没有犯罪，不能开除。若以消极的开除就算完事，则是使社会上多一个游民，怎么会对呢？所以我们要积极地继续教育。至于教师，总是教人家好的，绝不会教人不孝，更不能辞退。齐胡子又碰了一鼻子灰，自然很恼恨，心中暗想：讲理是讲他不过，然而随他吧，不甘心；讲势固然权在我手，真个下令撤职吧，又知他很有声望，怕节外生枝，也不好弄，只得沉默了几天。

过后，一个"调空"的妙计出来了。有一天，来了一封公函，大略说："……先生德高望重……调任本省教育厅高等顾问"等语。经校长看后，即召开校务会议，表示：在我个人去留上只好算了，否则变为恋栈了！当天就离校，但不接受新的名义。——其时施存统和四位教师都自动离校了。

下一步骤，教育厅改聘教务主任王更三为校长，王坚决不受，聘函三送三拒。乃改任厅中视学金布为校长，学生拒绝，屡次由厅护送到校接事，屡被学生会认为伪校长而坚决拒绝。这样，教育厅又僵了。同时，学生会发动了"挽经护校"运动，内外激荡，乃掀起了一个大风潮。第一师范的学生会，组织最早，最健全，斗争性最强。他们和杭市各校的学生会声气相通，而且得到各校青年的信任。他们懂得团结就是力量，群众团结的力量是唯一的斗争后盾。

再下一幕，齐耀珊的"王牌"掼出来了——下令解散第一师范学校。但起初是内部暗定，对外瞒得铁桶一般。到了寒假，总以为全体学生都要回家了，便可乘间下令改组此校，岂不轻松愉快！不料学生会早已沉机观变，料到这一着，秘密号召全体同学概不回家，在校防守。直至明年（1920年）2月寒假已满，别校的新学期已经开课，唯此校在僵局之中无课可开，于是反动派采用"偷鸡式"的方法来实行了。

某天半夜，学生们都已熟睡。校舍范围很大，尤其前后都是空旷的场地，寝室深邃，不知动静，忽然悄悄地来了200名武装警察，包围学校。一部分警察掩入寝室，逼着几百个学生立刻出走。学生们突然惊起，拒绝走散，都徒手踉跄，被赶至大操场上就地坐下，大家仰天叫哭，抵死抗拒；警察团团包围，真如蛇盘田鸡，但亦无法赶走。内部电话，早被把守，内外隔绝，水泄不通。由于叫哭之声震天，闾阎齐惊，到了天明，一般群众奔走骇告，可是外人不知里事，莫名其所为何来？那时，学校内不得住家眷，故我们许多教职员大都散居在外，连忙辗转相传，知道其事已是上午9点多钟了。于是立刻自动集会（附近的文龙巷奉化试馆内），分作两路紧急救护：一路去买大量馒头，从西面围墙外抛进操场，以救被困学生们的饥饿；一路奔往他校告急求援（我和吴庶晨奔往女子师范，直入教室大声呼救）。此时只要有一个学校的学生会知道，就立刻发动，以电话分告各校的学生会，青年群众个个义愤填膺，立刻出动，任何人压制不住。不到11点钟，各校男女同学就浩浩荡荡排队而来，势如潮涌；且以女校的队伍作先锋（最前列的是女子职业学校），使警察未便动手阻挡。大家驰奔到第一师范的铁栅大门口，把门的武夫拦阻不住，一哄而入，约有2000人以上跑至被困的同学周围致愤激的慰问，并大声叫喊支持抗争。警察见势不佳，乃不得不解围。然警察在没有奉到上司命令以前，仍不能撤退，不过弛懈地杂在人丛中不张气焰而已。此时，我和王更三、胡公冕当场以大义说服了警察，警察中也有同情学生的，我听到他们有人说：我们都是本省的同胞，不过奉令执行公务，无可奈何而已！因此并未动手捆打，幸免流血。

这样，阵势虽破，仍在相持，未能解决。当权者亦觉得再也做不下去了，于是赶紧变计，想法收兵。直至下午四五点钟，好容易弄出个杭州中国银行行长蔡谷卿（蔡元培弟）出来，以地方绅商名义作调解人，与学生会代表（此时主干是徐白民和宣中华）打交道。一面传令撤退警队，一面接受学生会所提善后条件。于是一场有声有色有意义的斗争取得了胜利。这些条件主要是：（1）立刻收回解散学校令；（2）以后任命新校长，当先由行政方面提出第一流人选，须经学生会承认才可发表；等等。这样的条件，在当时的封建官僚看来，简直是学生造反，若非经过这样的民主斗争，怎么会胜利呢？

"浙一师学潮"的前前后后

董舒林

被称为"浙一师学潮"或"一师风潮"的事件，是发生于 1920 年二三月间震撼全国的一场反帝反封建的革命斗争。这场斗争是以杭州浙江第一师范 ① 学生为主（下简称"浙一师"或"一师"），师生联合共同进行的。这场斗争的胜利，在浙江的革命史上有着重大的意义与深远的影响。

前　言

公元 1919 年 5 月 4 日，北京学生发动五四运动的消息，很快就传到杭州。杭州的学生积极响应，5 月 9 日，各校代表讨论成立杭州学生联合会事宜。12 日，杭州 14 所中学以上学校学生 3000 多人，在湖滨公共运动场开大会，宣布杭州学生联合会正式成立。浙江第一师范学生宣中华被推选为理事长。会后，学生在杭州热闹街道游行，每人各拿一面小旗，上面

---

① 即今杭州第一中学。

写着："还我青岛！""抵制日货！""杀卖国贼！""国家兴亡，匹夫有责！"有的人拿着山东地图和讽刺漫画，沿途高呼"取消二十一条"等口号。此后，在杭州学生联合会的领导下，一师和杭州许多中、小学校学生组成演讲团、宣传队，到热闹街道的酒楼茶店和公共场所散发传单，作口头宣传和化装宣传。演讲者慷慨陈词，声泪俱下，听的人很受感动。

不久，一师和杭州的学生就积极投入劝用国货的斗争，学生们组织了"劝用国货团""日货检查队"，经常出现在街头巷尾，劝同胞使用国货，抵制日货，他们还分批到高义泰等大商店和城站、拱宸桥等水陆码头，对过境的商品和客商行李进行搜查，凡是日货，一经查获，一律没收。

5月18日，杭州各学校学生将搜查来的日货，连同学生自己平常所用的日货如洋伞、手帕、草帽、皮包等物，堆集在湖滨公共运动场上，一起当众烧毁。当熊熊烈火把日货烧掉时，万余观众，一齐拍手，高声欢呼。

6月下旬，不仅学生罢课，而且工人罢工、商人罢市，运动进入高潮，一直到放暑假，由于学生大部分回乡去宣传，杭州的运动才暂告一段落。

五四运动不仅是爱国的政治运动，而且也是新文化运动。这个新文化运动从北京开始迅速地发展到全国各地。暑假过后，在杭州这个运动的中心，逐渐转到新文化运动上来。

校长经亨颐和他的革新

浙江新文化运动的先驱者是一师校长经亨颐，浙江新文化运动的中心是一师。

经亨颐字子渊，号石禅，浙江上虞人，日本留学生，受过资产阶级民主主义思想的洗礼。他原是一师前身浙江两级师范的第一任教务长，辛亥革命后两级师范改为一师，他继任校长，又兼浙江省教育会会长，是浙江教育界享有崇高威望的民主主义教育家，当五四运动新思潮来了之后，他认为对于时代思潮，应该"迎"而不应该"拒"，时代前进了，精神变了，教育工作也必须采取革新措施，以适应时代潮流，因此，他提出"与时俱进"的口号，他打算把教育会和它的机关刊物《教育潮》，作为宣传新文化的重要阵地，并把一师作为推行新教育的试验场所。

五四运动开始不久，他即在一师试行四项教学改革。这四项改革是：（1）学生自治；（2）国文改授国语；（3）教员专任；（4）学科制。[①]

所谓学生自治，当时全国除北京大学有学生自治会的组织外，其余各地的各级学校，都没有这种组织，经校长为培养学生的自治能力和推行民主精神，决定发动学生建立自治会。经过一段时间的酝酿、筹备，各班学生代表起草了章程和宣言。宣言指出："我们中国的历史是一部专制的历史"，"数千年来人民是站在被治的地位，没有自治的机会，辛亥革命后虽建立了共和政体，但多数的国民还是站在被治的地位"，其原因是"没有自治能力的缘故"，"要实现真正民主共和国精神，必须先养成自己的自治能力"宣言表明了成立自治会的四点理由，其根本目的在于培养自治能力，亦即行使民主权利的能力。学生会的宣言和章程，后来登在学生会会刊上，被上海的报纸转载，为全国各校所仿效。

秋后开学不久，即11月16日，全校用整整一天的时间，开了一个热烈而隆重的大会，欢庆首届学生自治会的成立。这天，来宾云集，学生穿着洗得干干净净的校服。上午，会议开始，先由校长经亨颐致辞，接着

---

① 学科制经氏在任时来不及推行。

由学生自治会筹备会负责人报告筹备经过，宣读学生自治会成立宣言；继之，全校师生和来宾齐唱《自治歌》（这个歌曲都是学生自己创作的），接着是来宾演说。演说者有教师，有校友代表和兄弟学校的教师和学生代表。本校教师陈望道也发表了演说，最后是自治会的代表致答词。上午的会议至此结束。下午是校剧团文艺演出，演出的剧目有胡适编写的《终身大事》，陈望道与夏丏尊合写的《严肃》和校剧团自编的《骗中骗》等节目。演出非常精彩，深得2000多观众（包括男女来宾在内）之欢迎。直到下午5时，大家才尽兴而散。《一师校友会十日刊》的记者称这次会议是"空前光荣的纪念"。①

学生自治会成立不久，就表现了它的不寻常的作用：（1）吸烟的学生，自动地戒烟，不戒的要受到同学的监督与告发；（2）食堂由学生自己办。学生自己当家做主办伙食，精打细算，伙食办得又省钱又好；（3）请假归学生会管，请假的人反而少了。学生参加学校行政管理，学校经济公开，学生感到很满意。②

第二项改革是国文改授国语。即语文课废止读儒家经典著作，选读白话文，学生作文也用白话文写。

第三项是教员专任。这是因为当时有一些教师为增加经济收入，一身兼数校的课，有的人每周多达30多节课。用轮流请假、迟到、早退等方法来应付，以致严重地影响了教学质量。教员专任，即一师的教师不得在其他学校兼课，其每月收入，学校规定一律暂给70元。

为了贯彻这三项改革，经校长在暑假中请了陈望道、刘大白、李次九和原在学校的夏丏尊等四位新派教师为各年级的语文主任教员。这四人后

---

① 《学生自治会成立》刊登在《一师校友会十日刊》1919年11月20日第5号。
② 《对教育厅查办员的谈话》见《一师校友会十日刊》1919年11月30日第6号。

来被旧派称为一师新文化运动的"四大金刚"。"四大金刚"从《新青年》《每周评论》《新潮》等杂志上选了陈独秀、李大钊、鲁迅等人的文章作为新教材。这些文章大都是白话文。当时旧派的老先生认为白话文不教也可以懂，陈望道等人就选了鲁迅的《狂人日记》给学生学习，到讲课时，不讲文章本身，只讲了一些文艺理论，学生反映看不懂。"四大金刚"即抓住这一点，说明白话文不讲也是不行的，没有一定的思想基础是看不懂的。他们的主张和做法深得学生的赞成。但他们并不排挤文言文，根据学生的情况，教材中也适当地选了一些文言文，例如王充的《论衡》和黄宗羲的《明夷待访录》中一些具有朴素唯物主义的文章。"四大金刚"还讲授语法、新式标点符号和注音符号。

在五四新思潮的影响下，在经校长和新派教师的倡导下，学生中掀起了阅读新进报刊和追求新思想的热潮。《新青年》《每周评论》《解放与改造》《建设》《少年中国》《湘江评论》和《星期评论》等介绍新文化的报刊，深受他们的欢迎。

看到这种现象，学生施存统（即施复亮）就发起组织了"全国书报贩卖部"，成立时发表一个宣言，宣称"我们承认现在发表新思想的书报，是文化运动的健将，是解放束缚的利器；所以我们要尽我们的力量来传播它，这就是我们要组织这个书报贩卖部的缘故。"他们还发表"声明"，声明"本部为一师少数学生所组织，与学校全体学生无关。"[1] 该贩卖部销售全国各地最新出版的各种进步书刊。那时全校只有四百名左右学生，有一个时期，校内即销行了《新青年》和《星期评论》四百几十份[2]，一师学生订阅《新青年》一百多份，《星期评论》四百多份，其他还有《每周评论》

[1] 《本校书报贩卖部宣言》刊《一师校友会十日刊》1号、2号。
[2] 施复亮《五四在杭州》。

等。他们不仅在校内销售，而且每天下午四五点钟时，带了《新青年》《每周评论》《星期评论》和马克思的《资本论》《科学的社会主义》、达尔文的《物种起源》等书，到湖滨公共运动场一带去推销，买的人很多。不久，又有学生诸暨人何景亮（即汪寿华）等九人成立了"学生贩卖团"，他们也发表了宣言，说明成立的目的是为了"锻炼心身，改造社会"。他们也贩卖书报。①

《浙江新潮》的诞生

通过新书刊的介绍，一师的师生和杭州其他几个学校的青年学生，开始逐步接受各种新思想，其中主要是马克思主义，这些新思想打开了他们的眼界，使他们从几千年的封建思想的禁锢中解放出来。他们尝试要用新的思想武器来改造社会，挽救中国。

这年秋天，一师校长经亨颐，教师陈望道、李次九、夏丏尊，学生傅彬然、施存统、周伯棣、张维祺等人，以"一师校友会"的名义，于10月10日出版了四开铅印报刊《浙江省立第一师范校友会十日刊》。在《创刊词》中，他们大声疾呼："我们要改造社会，转移人心，打破数千年来的偶像和权威，赶紧改革现行学制，使我们学校里的学生的创造力都得到充分自由的发展……"同年11月1日，以一师学生施存统、俞秀松、傅彬然、周伯棣、黄宗正等14人为主，联合了省一中学生查猛济、阮毅成和甲种工业学校学生沈乃熙（又名沈端先、即夏衍）、汪馥泉、倪维雄等人，在《双十》改组的基础上，出版了《浙江新潮》。

---

① 《学生贩卖团宣言》，《校友会十日刊》第9号。

《浙江新潮》虽是一种四开的铅印小报，然以其思想之清新，言论之犀利，一开始发行，就引起社会各界人士的重视，而且遍销全国各地乃至四川省等边远地区。

《浙江新潮》在发刊词中说明发刊的四个宗旨：（1）"谋人类——指全体人类——生活的幸福和进化"；（2）"改造社会"；（3）"促进劳动者的自觉和联合"；（4）"对于现在学生界、劳动界加以调查、批评和指导"。文章强调了改造社会的责任应由劳动者来担任，知识分子中有觉悟的人应"投身到劳动界中，和劳动者联合一致"，"去破坏束缚的、竞争的、掠夺的势力，建设自由、互助、劳动的社会，以谋求人类生活的幸福和进步。"同期中还转载了日本《赤》杂志中的一幅题为《新社会路线》的图画，向读者暗示：社会发展的方向必然是"过激主义"即"共产主义"。

在一师的影响与推动下，一时杭州先进的知识分子，在此后不长的时间内，陆续创办了《钱江评论》《浙江学生联合会周刊》《晨钟》《浙江第一中学校学生自治会半月刊》《进修团团刊》《浙江第一师范十日刊》《曲江工潮》等十多种刊物，杭州的出版界如百花齐放、万紫千红的春天花园。其影响所及，杭州的官办报纸，也都改用白话文。

在教育界，杭州和浙江各校陆续成立了学生自治会，国文课改授新文学和白话文。一师的部分学生还成立了两个劳动团，叫作"第一劳动团"和"第二劳动团"，这两个团成立时，联合发表了宣言，声明"劳动是神圣的事业，是人生必尽的义务"，成立劳动团是为了"养成我们劳动的习惯，将来到社会上去服务，就要去组织新村，把这种理想的生活，实现到一般社会上去，去改造社会"。[1] 他们还拟了章程，规定"团员除假日及

---

[1] 《本校第一、二劳动团共同宣言》刊《校友会十月刊》第 2 号。

天雨外，每日课后劳动半小时"。大家都是自觉劳动。杭州的其他一些学校受了影响，也组织了劳动团。一师除了"校友会""自治会""浙江新潮社""劳动团"等组织外，还有不少文学、美术、音乐、诗歌、体育等组织。学生思想解放，学术空气浓厚，学生课外生活丰富多彩，民主生活活跃，一时浙一师成了浙江新文化运动的主要阵地，成为浙江进步青年向往的中心。有许多外省学生，千里迢迢来杭州，就是为了要投考一师。

省署派了秘书当语文主任教员

浙一师提倡新文化，进行教学改革，受到浙江和全国进步人士的欢迎与赞赏。当时上海比较保守的报纸《时事新报》也报道了《双十》和《一师校友会十日刊》的出版消息，认为这些都是"介绍新思潮的出版物"，"是顺着这新潮流"的事。可是，浙江的各种反动势力却对新文化运动怕得要命，恨得要死。这些反动势力有官僚、政客、学阀等等人物。他们的代表是浙江省省长齐耀珊和教育厅厅长夏敬观。

齐耀珊是吉林人，清末在湖北等地做过道台，后曾劝袁世凯做皇帝，而夏敬观则是齐耀珊的门下客。他们把新文化与新思潮看作洪水猛兽，千方百计加以扼杀，但苦于找不到一个冠冕堂皇的理由作为罪名，这个学期，他们就派了省署的一位秘书到一师去担任语文主任教员，借机进行破坏和捣乱。

"四大金刚"等新派教师选用白话文作教材，而那位秘书却偏选用文言文；新派教师说白话文好，而他偏说白话文有什么好，用不着教，学生自己也能看懂，只有那些没有学问的人才教白话文，等等。尽管他在学生中散布了许多奇谈怪论，玩弄了许多把戏，然而仍得不到学生的认同。新文化运动开始时，学生的思想逐步分为新与旧两派，又因新派教师住在一幢的西楼，所以追随新派教师的学生也称为"西楼派"；反之，追随住在东楼旧派老师的学生，则称之为"东楼派"。后来，随着运动的深入，原来"东楼派"的学生，都逐步转为"西楼派"了，即转为新派了。

这一转变，使得那位秘书非常恼火。有一次，陈望道出了个《白话文言优劣论》的题目叫学生作文。其中有个学生受了秘书的指使，便在作文中以文言文的体裁大骂白话文，但文章做得甚差，文句不通。陈望道打了批语："写文言文也该写得通顺一些，理路不通，无从改起，重新做好再改。"这学生一看到批语，当场发火，在教室里抓住陈老师的领口，要把老师抓到教务处去。后来校务会议做出决议："除非陈望道先生同意，不然要开除该生的学籍。"当然，陈望道是反对消极地开除学生的。后来，该学生哭到陈望道面前，请求原谅。经过教育，这学生后来也转变了。

新文化在学校更广泛地开展起来了，这位秘书的日子越来越难过。有一次，夏丏尊、刘大白、李次九三人在陈望道的房间里开会，住在陈的隔壁的那位秘书，故意大声地对他的女儿嚷叫："我如果没有其他办法，就用枪打死他们！"进行恫吓。

"废孔"与《非孝》

当时，每年春秋两季的"祭孔"活动即所谓"丁祭"还在进行。这年秋季，"丁祭"的时间快到了。五四运动开始后，"打倒孔家店"的呼声早已响彻云霄，可是浙江当局还是照样要举行"祭孔"大典。往年祭孔，省长或教育厅厅长是主祭，省教育会会长兼一师校长经亨颐则是主要的陪祭。一师高年级的学生是祭孔的主要参与者，他们有的要担负司乐，有的要跳"八佾舞"。祭毕，参与的每个学生可以分到一刀肉。

这一次是五四运动后的第一次祭孔大典，经亨颐和他的一师学生会不会参加，社会上千万双眼睛都在注视着。

思想觉悟逐步提高的学生，首先是《浙江新潮》社的学生，他们表示不愿再去祭孔。他们一面在同学中进行宣传，一面向学校提出自己的看法，即孔子是打倒的对象，这个偶像不能再崇拜下去了。经亨颐完全支持学生的意见，借口要到山西去出席全国教育会议，毅然提前离开了杭州。

11月7日，《浙江新潮》第二期出版了，这一期刊登了一师学生施存统写的《非孝》一文。该文的中心大意是主张在家庭中用平等的"爱"来代替不平等的"孝道"。在今天看来，这是一种很通常的思想，然而在那时的卫道者看来，简直比洪水猛兽还要可怕。所以这篇文章发表后，立即在社会上引起轩然大波。

查办一师

省长齐耀珊、教育厅厅长夏敬观二人，对经亨颐在一师的种种革新，早就深为不满，如今看了《浙江新潮》第二期上的《非孝》一文，虽然他们不尽了解文章的深意，但"非孝"二字，却激起了他们的万丈无名火，他们认为这个一师既"废孔"在前，今又"非孝"在后，长此以往，怎么收拾得了？！于是由省长公署发了个公文到教育厅，命令教育厅查办此事，公文如下：

> 查近有《浙江新潮》报纸，所刊论说，类多言不成理，而
> 《非孝》一篇，尤于我国国民道德之由来及与国家存在之关系并未
> 加以研究，徒撷拾一二新名词，肆口妄谈，实属谬妄。查该报通
> 信处为浙江第一师范黄宗正，以研究国民教育之师范学校，而有
> 此主张蔑弃国民道德之印刷品，真堪骇诧。究竟此项报纸系该校
> 何人主持，现在该校办理情形如何，合行令仰该厅，于文到三日
> 内，即行切实查明核办具复，以凭察夺，毋延切切^①

教育厅厅长夏敬观接到省公署的训令后，不敢怠慢，立即于 11 月 25
日，派科员富光年为"查办员"，到一师来查问。这时经亨颐已从山西开
完会回来，便亲自接待。查办员先宣读了省长训令，然后提出三个问题：
一、"《浙江新潮》是不是浙江第一师范的印刷物？"经回答："不是。"
二、"黄宗正是不是第一师范的学生？"经答："是。"三、"现在第一师范
办理情形如何？"经回答："很长。"经校长就谈了学校最近改革的情况及
其成绩。该查办员无话可说，接着又找陈、夏、刘、李等四位国文教师
来，询查了国文课授课情况，又逐本逐页地翻查了白话文的国文讲义和学
生的作文簿及学生自治会章程，又要校长陪他看了教室，学生宿舍，还要
向校长索取《浙江新潮》社学生的名单。校长不给，该社几个学生怕连累
校长，主动交出名单，该查办员才扬长而去。不久，他们又派了一位姓周
的科长再次来查办，经过情况，与上次大同小异。

---

① 《五四时期的礼团》（三）138 页。

教育厅厅长夏敬观除将查办情况回禀省长外，过几天，他派人把经校长请了去，指责说："据本厅局科长查明，贵校教员陈望道、刘大白、夏丏尊、李次九等四人，所选国文讲义，全用白话，弃文言而不授，此乃与师范学校教授国文之要旨未尽符合。而此四人，又系不学无术之辈，所选教材，夹杂凑合，未免有思想中毒之弊，长此以往，势将使全校师生，堕入魔障。本厅责成贵校长立即将此四人解职，并将学生施存统开除。"经回答说："我校教师所选文章都是从北京、上海等地公开发行的报刊上选来的，如果使学生读后会产生'思想中毒''堕入魔障'之恶果，政府何以不干脆取缔京沪等地出版之刊物呢？至于教师不学无术，请教何以见得？！且学期中途，如何能随便解聘！再说，学生未教好，那是教育者未尽到职责，不能以开除了之，开除学生非为教育之本旨；学生即使言论失当，但没有犯罪，不能开除，何况，新思潮这样勃发，新出版物这样多，其感动的力量，实在大得了不得。要想法子禁止，实在是办不到的。如果空气能排得尽，新思潮才能禁止。盼望官厅明白这一点。"经亨颐这番铿锵有力的话，说得堂堂的教育厅厅长，张口结舌，无言以对。

然而反动派决不就此罢休，他们立即下令禁止《浙江新潮》的出版和邮寄，已出版的要没收，因为《浙江新潮》有罪，罪名是"主张社会改造，家庭革命，以劳动为神圣，以忠孝为罪恶。"同年 11 月 27 日，督军卢永祥、省长齐耀珊还联名密电北京大总统、国务院，请求在全国范围内禁止印刷邮寄。①12 月 2 日，北洋政府国务院立即密电各省，严禁《浙江新潮》的发行，并饬令各省注意同类之刊物，随时严加取缔，密电原文如下：

---

① 《北洋政府国务院档案》[（1002）51]。

各省督军、省长、都统、护军使鉴：

统密。据浙江卢督军、齐省长有电称："近来杭州发现一种周刊报纸，初名《双十》，改名《浙江新潮》……大致主张社会改造，家庭革命，以劳动为神圣，以忠孝为罪恶。其贻害秩序，败坏风俗，明目张胆，毫无忌惮。……已令饬警务处禁止刷印邮寄。"并称："以后如续有类此书报，凡违背出版法者，均当随时严重取缔"等情。此种书报，宗旨悖谬，足为人心世道之忧。浙省既有发端，各省倘已流行，应即随时严密查察。如果与出版法相违，立予禁止印刷邮寄，毋俾滋蔓，以遏乱萌，是为至要！院冬印。①

齐耀珊在查封了《浙江新潮》后，还派人到浙江印刷公司，勒令将已经排好的《浙江新潮》第三期的排版，全部拆毁，责令印刷公司经理周佩芳具结，今后不得再印该刊；并通令全省所有印刷厂，一律不得承印《浙江新潮》。可是《浙江新潮》社的学生们并没有屈服，他们几个人研究后，决定派人将第三期送到上海去出版。

由于送到上海重新排版，故误期到11月15日才出版。内容有汪馥泉的《改造旧监狱》，诸保时的《为什么要反对资本家》，施存统的《婚姻问题》，TM的《忠告浙江某学校》，周伯棣的《十一月六日贩卖书报记》等文章。这一期的骑缝处，登有该刊在各地的派报处：北至哈尔滨，南至广州，西至成都，东至日本神户等地，共有30处派报地方。该刊有一个遍布全国各地的发行网，而且其中还很有一些知名人物。如："长沙马王街修业学校毛泽东君""南京高等师范杨贤江君""上海静安寺路寰球中国学生会于敏君"等等。下面还有一个特别启事，登着："读者诸君鉴：本刊

---

① 《北洋政府国务院档案》[（1002）51]。

虽受官厅的压迫，但是我们的精神和主张仍旧进行，将来出版不限定周刊。本刊系少数学生所组织，和各学校没有关系。"

该刊在上海印好后，带回杭州秘密发行，这使得杭州的反动势力大为惊动。一张小小的报纸，使得杭州的反动势力竟然视之如洪水猛兽，简直是风声鹤唳，草木皆兵！

11月28日，省议员朱献文向省长提出质询说："省立第一师范校长经亨颐于本月一日在校刊行《浙江新潮》，提倡过激主义，非孝、废孔、公妻、共产种种邪说，冀以破坏数千年来社会之秩序，洪水猛鲁，流毒无穷。……贵省长为全省行政长官，对于该长如此丧心病狂之举动，何不立予撤查依法处置？！"①12月7日，又有省议员黄尚傅等65人再次致电北京北洋政府，控告经亨颐"提倡非孝、废孔、公妻、共产主义，于校内发行《浙江新潮》《校友会十日刊》等报，贻害青年，灭伦伤化，虽经省警厅禁止停刊，省长饬教育厅查办，仍然秘密发行，希图煽惑。应请迅速严令法办，与民共弃，以杜邪说，而正人心。"②

这些议员为什么要这么起劲攻击浙一师校长经亨颐呢？事出有因，原来在由经亨颐主持的省教育会的机关刊物《教育潮》创刊号上，曾有沈仲九写的《告浙江省议会》一文，向省议会提出要求实行义务教育、创办浙江大学、设立编译机构等三点建议。这是代表了经亨颐的意见，在当时是有进步意义的。

1919年将要放暑假时，浙江省议会举行常会。在会上，议员们提出为自己增加薪金即工资案，新增工资的来源除了否决建立浙大等提案外，还打算将一师学生享受的公费减半，开会时，旁听的公民团中有不少学生，

---

① 《时事新报》，1919年12月24日。
② 《北洋政府国务院档案》[（1002）51]。

但以一师的学生最多。当加薪案付表决时，学生们为议员这种损公肥私的可耻行为所激怒，有人喊了一声"打！"在楼上的一师学生就把茶杯，甚至痰盂摔了下来，楼下的学生就把桌子、椅子都推翻，议员们个个抱头鼠窜，虽挨打的并不多，但其尊严却受到损伤。这些议员因此迁怒于经亨颐，便借口《非孝》一文来攻击经亨颐和一师，以报前仇。

凌独见与《独见》

各种反动势力不仅利用职权，从外部对一师施加压力，破坏一师的种种革新，而且他们还指使当时一批顽固守旧的校长，组成"校长团"，与经亨颐唱对台戏，并设法拉拢一师的落后学生，从内部进行破坏。

当《浙江新潮》第二期出版后，一师"二部"（类似小学师资训练班，学生来源为乡村小学教师，学习一年毕业后，可任高小教师）有一位名叫凌荣宝的学生，中封建思想的毒素较深，看了《非孝》一文后，深为不满，便自己单独办了一张报纸，取名《独见》，表示他这张报纸与众不同，有独特的见解。他也化名"独见"来写文章。

在《独见》的发刊词中，他赤裸裸地表明自己维护封建道德的立场。他说："本刊的第一个旨趣是研究人人应该遵守的道德问题，凡是不道德的学说、主张、行为、事业，都是我的仇敌，我要尽我的能力，排斥他，推翻他，破坏他，揭穿他，使他失了立足的所在。"同期，还登了他的主要作品《辟"非孝"》，文章攻击《非孝》作者施存统宣传"不孝主义"，攻击《非孝》主张向封建家庭宣战是"标新立异，信口雌黄，妖言惑众，乱人听闻，陷人于万劫不复的境地"。

《独见》出刊后，也引起社会的重视，创刊号1000份，很快就卖光了。显然，它是五四新潮流中的一股逆流，教育厅厅长夏敬观看到了，甚为高兴，立即叫人把凌荣宝找去，勉励他说："你的言论维护道德，很不错，没有跟着别的青年随风动摇……难能可贵"等等，当时以民主主义者而著名的戴季陶，也写信来鼓励他说："我很喜欢你的勇气和精力，很希望你做一个自由的研究者、批判者"要他"应当坚持办下去"从中可看出戴季陶后来变为国民党右派，绝非偶然。

凌独见有官僚政客为他撑腰，作他的靠山，他的胆子更大了。在第二号《独见》上，他又发表了《给"非孝"作者的一封信》，进一步暴露了他的帮凶面目。他这样写道："为了你一篇《非孝》，害得《浙江潮》被封禁，累得本校校长查办，致使本校成为众矢之的。事到如此，你却默然不响，像煞无介事，未免太忍心了。现在我要警告你两桩事情：一做篇忏悔文，取消前说；二向官厅挺身自首。你若再不觉悟，一无表示，我为维持人心世道起见，顾不得同学的面子，要开始攻击了。"他在给戴季陶的信中也表示要和《非孝》的作者"法庭相见"，告他"忤逆唆使犯，煽惑他人为恶"的罪。

在浙江新文化运动的中心一师，出现了这样反动的报刊，当然为进步的师生所反对。他的级任老师袁新产是《辟"非孝"》一文的第一个读者，他当时即指出这篇文章是恶毒谩骂，并非学理之探讨，在第一号《独见》出版后，校长经亨颐也找他谈话，劝他说："现在群众都走在前面了，你的'独见'是没有前途的！你还是服从群众的意见，牺牲'独见'吧！"但他听不进去，后来经校长又找他谈了几次话，但仍没有效果，最后只好对他说："别的学生，我对他谈一二次话后，都会接受教育，没有像你这样顽固的！"

且说凌独见不听师长的教育，我行我素，独行其是，又连续发表了《"孝"的研究》《新道德绪言》等文章，引经据典宣扬封建道德，攻击新思想新道德。他还连续发表了三篇文章：《评本校自治制》《对于本校实行自治会的疑问》《学生自治之商榷》，极力诋毁本校正在试行的学生自治制度。他认为"学校实行自治制，而有'自治会''选举''职员''章程'等，名为解放，其实麻绳改换铁索，放出模范监狱，走进陆军监狱，束缚较前尤甚。真所谓变本加厉也。"

他还用种种实际行动来破坏学生会的规章制度。晚上，同学们睡觉了，他在自修室内开灯写反动文章；早上，同学们起床了，他还在睡大觉；白天，寝室门锁上了，他就爬窗出入。

有一天，学生自治会请了一位校外学者来宣讲，讲的题目是《德谟克拉西》（Democracy）。凌某因是二部速成班的学生，不学英语，不懂"德谟克拉西"是何意思。他原打算把演讲记录下来发表在《独见》上，所以一早在礼堂里占了第一排的好位置。演讲开始后，讲的人大讲特讲民主制的优点，封建独裁制的缺点，讲学生自治是培养学生民主能力的一种措施。对他来说，味同嚼蜡，听了一半，他就当着演讲者和400名同学的面，大摇大摆地走出会场，他说"我有我的自由"。

他的一连串倒行逆施，引起了全体同学的公愤。学生自治会的领导人宣中华和徐麟书，专门召开了理事部和评议部联席会议，讨论如何制裁破坏学生会规则问题。最后决定召开学生大会，对他实行公审（学生会原有审理部组织，对付破坏规章制度的学生）。

公审时，同学们纷纷责问他："学生自治有什么不好？你为什么要攻击它，说它是麻绳改换铁索，陆军监狱代替模范监狱？你为什么要破坏学校的作息制度，擅自开窗爬进寝室，擅自离开会场？你为什么要反对新文化？……"

他百般狡辩，以后又在第四期《独见》上发表《鸣呼浙江第一师范的学生自治》来污蔑学生自治。可是，经过了公审，他的丑恶面目暴露无遗。虽然夏敬观一再给他打气，并从物力、人力上支持他，但《独见》办到第十期，已经臭不可闻，再也无人理睬它了，它也不得不寿终正寝。

凌独见实际上是反动派打进一师进步阵营的一个卒子，他的《独见》是他们妄图用来射杀新文化的一支毒箭。如今，这个卒子已遍体鳞伤，失去了战斗力，毒箭也被折断了。凌某本人由于在校时不听师长的教育帮助，在错误的道路上越滑越远，终于掉进了反革命的泥坑，此是后话。

调经与留经之争

以齐耀珊、夏敬观为代表的反动守旧势力，他们将万支利箭，一齐射向经亨颐，欲置他于死地而后快。可是经亨颐是个在浙江教育界享有崇高威望与地位的人物，齐、夏二人为此绞尽了脑汁。

1920年2月上旬，一师放了寒假，学生大都已回家，校长经亨颐因为校内尚有事，因而还未回上虞故乡。某日，他收到教育厅厅长夏敬观给他的信，信上写着："本日备具公文，奉台端为视学，尚希屈就……即请驻厅襄助一切，兼便随时顾问……"经氏获信后，不假思索，立即写信回复："顷奉令调任视学，未敢拜命！校事遵即交卸，另文呈报……"

原来齐、夏二人打算把经亨颐调离一师，到教育厅当个"随时顾问"的省视学。经氏不愿受命，当即辞职，正中齐、夏二人下怀。他们调经离开一师的目的已达，于是任命原省视学金布兼一师校长。

寒假中，学生会理事长宣中华为了预防不测，仍留在学校，留校的还有家境清寒的学生十多人。当他获知经校长被免职后，立即组织同学于10日、15日和19日连续三次发信给回乡的同学，要求他们在阴历正月初十以前一定要回校，和"摧残教育的反动势力决一死战"。

2月17日，新任校长金布来上任，他宣布原有教师一律续聘。可是只有两人愿受聘，其他的教师一律拒聘。金布无奈，只得在校门上张贴一张大布告，上面写着：

　　　本校原定三月一日开学，现以部署未定，业经教育厅核准展

　　期，并即分别函诸家属，转嘱暂缓来校，一俟开学日期确定后，

　　当即函告，召集到校上课。现当部署校务期间，诸生暂缓进校！

　　特示。代理校长金布。

到2月底，回家过寒假的同学们陆续返校。学生会组织回校学生召开了几次座谈会，商讨对策，并派部分同学回到自己故乡去催促同学火速回校。在第六次座谈会上，学生决定联合教师共同斗争。全体教师除一二人外，皆以为经校长的去留，同本校的前途有极大的关系，决定以全体教职员的名义公呈教育厅，并推举范元兹、胡公冕面见厅长，请求收回成命。结果厅长批复："挽留前校长一节，应无庸议。"

到3月13日止，同学来校者已过半数。当晚，学生会在评议长徐麟书的主持下，召开全体会员大会，商讨对策。会议正在进行，忽然有人来密报说："教育厅要解散本校！"闻讯之下，大家非常气愤，立即通过四条决议：（1）维持文化运动，坚持到底；（2）无论何人不得暴行；（3）校事未妥善解决前，无论何人，概不得擅自离校；（4）留经目的不达，一致

牺牲。并推定同学数人起草宣言书和请愿书，推徐麟书、徐仁、石樵、宣中华四人为请愿代表。

从3月15日起，宣中华等四名代表接连几次带了请愿书到省教育厅和省公署向教育厅厅长夏敬观和省长齐耀珊请愿，要求当局继续任命经亨颐为一师校长，但都不得要领，而且多次被托词拒不接见。

学生与教职员在这段时间中，分别发表了几篇宣言，向社会各界人士说明一师校长经亨颐所进行的教学改革，是顺应世界潮流，推动浙江新文化运动的重要措施。而教育厅厅长撤换经校长是对浙江新文化运动的摧残。一师师生挽留经校长，并非为经个人保存饭碗，也不是因全校382名学生的地位关系，而是为了维持由经校长开创的本校改革精神，为了巩固浙江新文化的基础。宣言还表明为了维持新文化，师生不怕任何压力。

在学生代表请愿的过程中，教育厅派了科员周某和省视学沈某连续来校，胁迫学生承认金布为校长，立即复课。学生回答说："我们宁可牺牲学业，不愿牺牲人格！"

金布也玩弄手腕，一面请校友会的干事到他家去，装出一副苦相说："厅长叫我兼代校长，我实无法推辞……要晓得我如辞职，省视学的职也要保不牢，我实在左右为难，请诸位为我设法。"一面却又东拉西请，拼凑教师队伍。到了22日下午2时，他拉了一支拼凑起来的教职员队伍，扑向一师，谁知刚入校门即被守门的同学所拒。守门者吹响哨子，大家闻声立即奔向校门口，把金布包围在操场上。"我们只承认经亨颐是我们的校长！""我们不承认摧残新文化的伪校长！""为饭碗而牺牲人格的家伙，快给我滚！"责骂声似连珠炮，叫金布等无法招架，只得抱头鼠窜。

解散一师

"解散一师"的谣传，竟成为事实。3 月 24 日清晨，校门口竟贴出这样一张教育厅布告："省立第一师范新任校长暨教职员等遵令分别进校训诫，该校学生等竟敢围聚辱骂，实属荒谬，应即暂行休业。学生一律即日离校，勿得有误。"

学生会立即派代表到教育厅去质问，夏敬观避而不见。

25 日下午，有 40 多名荷枪实弹的警察，进驻校内，分成二排，轮流分批站在校门口，都是背朝外，面朝校门，以便监督校内动静。

次日，全校学生在礼堂开会，讨论应付办法，会议正在进行，驻校警察队长宣告："顷奉上峰电话指示，学生不得开会！"当天，校内又增加了便衣警察 20 多人，武装警察 50 余人，站在学校二门以内，还带铺盖来，有久驻之意。

学生们忍无可忍，27 日清晨 4 点半，全体同学在宣中华、徐麟书的带领下，避开前门警察的监视，静悄悄地从后门步行到教育厅去请愿。去得太早，教育厅大门未开，学生们便站在马路上等待。附近警察署第二署署长王家琦带了荷枪的警察赶来，向学生吆喝："你们不要站在马路上，不然我们是要干涉的！"等了半个多小时，教育厅的衙门才徐徐打开。学生原先推选的四位代表去见夏敬观。夏敬观打着官腔说："我已无法维持贵校，诸位只好转学，转学的经费已经为你们准备好了！"代表说："我们好端端的，为什么要转学，这是万万做不到的！"接着代表向夏提出三个条件：（1）校内军警全部撤回；（2）撤销金布为校长的命令。（3）准允原来的教职员进校维持校务。夏说："你们的意见，我不能做主，等我向省长请示后，再转告你们。现在你们回去吧！"代表要求夏厅长亲自向全体同学讲话，夏就到教育厅大门口，对一师全体学生说："你们大家可以转学，现在且回校去吧！"大家高声质问："为什么要转学呢？！"站在一旁的警察署长王家琦却气势汹汹地说："你们学校办得不好！你们学生品行不良！"说完即拉厅长入内。大家听了非常气愤，再推四代表入内质询，大家在外面等候。夏敬观见势不妙，叫王家琦暂避，一面立即请中国银行杭州分行行长蔡谷卿（蔡元培之弟）出来调解。11点钟，蔡谷卿来见学生，学生再次向他表达了三点要求。蔡说："让我再找几个士绅和省长商量。商量后再答复你们，诸位先回校。"学生说："我们要立等你的口音。"大家都不肯走散，便利用等的时间向周围群众散发宣言和请愿书，并向群众开展宣传解释工作。

这时，教育厅倒也真会利用时间，大门里有人捧出一块转学布告，上写："各生愿意转学者，视其所转学之远近，每生发给川费银二元至四元。"同学们见了，无不抚掌大笑说："夏敬观想用金银来引诱我们转学了！"

等到下午4点钟，蔡谷卿和夏敬观二人方来，蔡向大家说："你们的三个条件，都可答应，可是军警撤销，官厅办事还要费许多手续，现叫警察从二门退到大门，你们满意吗？"学生答："不满意！"于是学生一面派人到学校拿铺盖，一面派人去买稻草，决计留宿在教育厅。蔡见状对大家说："诸位切不可如此，三个条件总可以办到的，我当尽力而为！"同学们考虑到所提条件，已有部分达到，就答应暂且返校，明日再作道理。蔡并答应明日到校报告详情。

回到校内，见二门口灯光辉煌，教育厅的几个科员摆了几张桌子，桌上还堆着不少银圆，一个家伙故意拨弄银圆，发出叮当响声，一面嚷着："快来、快来，要转学的快来办手续！"可是喊破喉咙，谁也不理睬他们。

考　验

一夜过去了，驻扎一师的军警不但没有撤退半个，反而增加了许多。反动派的卑劣伎俩，使杭州各校的学生都非常气愤。

3月28日上午，杭州学联会理事长宣中华发动杭州全体学生，约四千人左右，从平海街省教育会（现杭州总工会址）前集队出发，前往教育厅和省公署请愿。

到了教育厅，只见门口站满了武装警察，只准学生派几个代表入内。夏敬观托故不接见，由一个科长接见，谈了20分钟，不得要领，全体学生转向省公署去请愿，沿途分发请愿书。

在省公署门口，又碰到一批气势汹汹的卫兵，拦阻学生不让进去。学生为了照顾大局，用好话向他们解释，最后总算容许代表朱德馨、陈德征等五人去见齐耀珊，齐耀珊傲慢地责问学生："你们来干什么？"代表答："一师的学生为了促进浙江文化的发展，竟然受到军警干涉，学校休业，学生不能上课，荒废了宝贵的光阴。如果省长有维持教育的诚意，应立即撤退军警，收回休业令，取消金布为校长之命令，并允许一师原有之教职员进校维持校务。"齐耀珊说："全体原教职员一律进校维持校务是办不到的，我对于'四大金刚'，实在有不满意的地方。至于撤销休业令，撤退警察，取消金布代校长，这几点还要研究研究才能决定……"代表马上接上去问："如此看来，省长无维持一师之诚意？！"齐答："不是我无诚意，如果让一师学生上课，他们又要闹什么文化了。你们晓得，他们搞的那个不是什么新文化。'非孝''男女解放''社会平等''互助'这等都是我们中国上古的学说，你们晓得，'互助'就是'兼爱'，墨子之说也，圣人之徒，得诛之矣！那个'非孝''男女解放'是没有开化时代的苗子的事情，你们难道也要学吗？我劝你们不要再闹这个了。"代表又问："浙江的教育，你省长维持否？"齐答："我自然维持，但是不能维持的时候，我也没有办法……你们总要君臣有义，父子有亲，夫妇有别……这才是报答维持教育的人的苦心呢！"代表笑答："我们听了省长的好训辞，谢谢。这是我们杭州学联会的请愿书。"齐又说："哦！这是学生会的请愿书吗？我对于这个会，早就打算解散它了，请愿书，我决计不收，请你们去罢！"

学联代表在听了省长的高论之后，就准备到督军公署去向督军卢永祥请愿。当队伍从省公署的东辕门穿过西辕门时，门口的卫队受齐耀珊的指使，对学生破口大骂，百般污辱。什么"过激分子""捣乱分子""不孝子孙"等等。学生不与计较，军警以为学生好欺，就对学生拳打足踢，还用枪托和刺刀，向学生乱打乱戳，学生不及防备，当场就有许多人受伤，血流满身，惨不忍睹。一师学生叶天瑞，门牙被打落，鼻黏膜破损，牙床和鼻孔血流如注，脸部左眼窝下有一大块青肿，伤势严重，当场昏倒。一中学生朱××，伤势也很严重，当场昏倒。赤手空拳的学生，只得暂时忍耐着。他们一面先把受伤的学生送到医院去医治，一面再到督军公署去，把到教育厅和省公署请愿的情况告诉卢永祥。他们那时还没有认清卢永祥也是北洋军阀，告诉他也是没有用处的。

反动派用武装来镇压手无寸铁的学生，制造流血惨案，这是五四运动以来全国第一起流血事件。这是对一师和杭州学生的第一次考验。反动派把刺刀提到议事日程上来，一师和杭州的学生面临着一场更为严峻的考验。

3月29日大决斗

3月28日的流血惨案发生后，杭州学联会当晚在宣中华、徐白民（即徐麟书）的主持下，召集各校代表开了紧急会议。会议决定：一面请检察院来验伤，并向法院控诉齐耀珊、夏敬观等人的罪行；一面把惨案的真相，用电文通告全国学联、全国教育界和新闻界，请求社会舆论主持正义，还电呈教育部和司法部，请求查办摧残文化教育、镇压学生的凶手齐耀珊和夏敬观。

齐耀珊指使军警打伤了请愿学生之后，他料想学生决不会就此罢休，几个家伙连夜密商，决定采取先发制人、突然袭击的手段。一场更大的风暴即将袭击浙一师。

1920年3月29日，是浙江第一师范的历史上一个不能忘却的纪念日，也是中国学生运动史上一个值得纪念的日子。

这天清晨4点多钟，有500多名军警，在齐耀珊的指使下，悄悄地来贡院一师，把前门和后门都封锁起来，禁止任何人出入，连厨工都不许外出买菜。6点多钟，学生正在自修室早自修，突然，一群如狼似虎的军警冲了进来，高喊："省长命令，诸位赶快把行李捆好（当时一师学生全部住校），立即随我们离开学校，送你们回家去！""我们不回去！""我们不回去！"学生们一个个都叫了起来。警察就动起手来，每两个警察挟持一个学生，连拉带推，把学生拉出校门。校门口停着他们叫来的300多辆人力车（那时校门口还有一大片空地），他们把学生推上车子，拉了就走，警察押着学生上车站或轮船码头，然后叫学生自己回去。

当警察开始拉人时，学生会领导人宣中华、徐白民一看形势不妙，立即通知全部同学到操场集中。300多名同学就集中坐在健身房前的操场上。

一些被拉出坐车的同学，不久也逃了回来，也坐在操场上。操场上人声嘈杂，住在一幢西楼靠近健身房旁的陈望道等教师，闻声赶来，高呼："我们在一起！"走进学生群中，和学生一起坐在操场上。

这时共有700多名武装军警，30多名军官，切断交通，控制电话。从头门到二门林荫大道上站有执棍的警察200多人，二门以内，在第一幢和第二幢房子的走廊通向健身房和操场的路上，站有300多名持枪的军警。

附近居民，听到一师围墙内喊声震天，看到大门口军警戒备森严，不知发生了什么事，骇然奔告。当时由于校内不住家眷，大部分教师都住在校外，经人辗转相告，到九点多钟教师们才知道发生了大事。他们立刻自动集合在文龙巷奉化试馆内，决定兵分二路，一路去购买大量馒头糕点，从西面围墙外抛进操场，给被围困的同学充饥；一路火速到其他各校去讨救兵，如姜丹韦、吴庶晨到女子师范，直入教室大声呼救。

且说操场上的同学，义愤填膺，有的叫喊，有的大骂。宣中华利用时机站起来对大家说："同学们，我们的斗争不是孤立的，我们已收到来自全国各地的许多电报。有本校同学家长的，有各地教育会、学联会，有留日浙江同学会，北京大学浙江同乡会，全国学联会总理事长狄侃，全国学生会，上海学生会，江西学联、广东学联、北京浙籍学界，全国各界联合会，北京要人梁启超、张一麐、范源濂、蔡元培等个人和单位，他们一致来电来函谴责齐耀珊和夏敬观，支持我们的斗争，甚至连省议会也有不少议员发表声明责备齐、夏的暴行。今天，如果本市的同学知道了，他们肯定会来支持我们的！"

这时约在中午12点半，忽然一阵哨子声响，500多名警察，飞快冲进操场，把坐在地上的同学团团围住，内外水泄不通。一个警察队长叫道："省长已几次来电催促，你们再不走，我们就要动手啦！"但同学们回答：

"我们不走！""我们情愿死在这里！"愤怒的叫喊声，接连不断。

正在此时，警察队长把手一挥，大喊一声"动手！"数百名军警便如虎狼，向学生猛扑过去。他们每四个人一组，强拉一个学生，把学生硬拖出去。这时体育教师胡公冕和一位姓王的教师冲进来，大叫："我们的学生犯了什么罪，你们这班警察这样虐待他们？"同学们听了，个个激动万分，把拳头高高举起，不约而同地齐声高呼："我们情愿为新文化而牺牲，不愿在黑暗社会中做人。""国家兴亡，匹夫有责！"警察来抓胡公冕，要把他拖出去，学生极力救护，才得脱身。警察又来找徐白民和宣中华，结果徐被抓去关在附小的房子里。他们扬言要把徐带到警察局去。宣中华被同学极力救护，才得幸免。有几个家伙还以威胁的口吻说："经亨颐如果今天在场，非把他抓起来不可！"

目睹警察的这种暴行，一位名叫朱赞唐的学生，非常气愤，突然之间，飞快地跑到警察队长跟前，把队长腰上悬挂的指挥刀，霍地一下抽了出来，架在自己的头颈上，面对着警察队长，慷慨激昂地说："你为了保住饭碗，不惜牺牲我们；我宁愿为了保卫新文化，而不惜牺牲自己的生命！"说完，拿起腰刀来就要自刎。胡公冕急忙跑上去，边跑边叫："不能自杀！不能自杀！"及时把刀夺下，当时在场的同学，无不为这种场面所感动，大家情不自禁地失声痛哭起来。

正在这时，杭州各学校的学生队伍来了，女子职业学校的女生队伍打先锋，一下就冲开了学校大门口的第一道防线，接着是女子师范、女子蚕桑、女子工读互助团等女校队伍，后面跟着省一中、安定、宗文、惠兰、商校、医专等男校队伍。大批援军冲破了操场上的包围圈，和被围在操场上的一师队伍会师了。住在校外的一师教师和校友也来了。各校学生和一师教师带来许多馒头、糕饼等食品，特别是女子工读互助团的女生，以她们千辛万苦挣来的微薄收入，买了许多食品和水果来慰问一师学生。师生队伍的扩大，使警察不得不放松包围，但仍不肯撤出学校。

反动派非法解散一师，派军警强迫学生离校的暴行，引起杭州各界人士与学生家长的强烈谴责。在一师师生的坚决斗争和各界的声援下，反动派不得不与学生代表宣中华、徐白民等重开谈判，并请蔡谷卿居间调停。

胜利了

当晚 10 点多钟，正当操场上的同学望眼欲穿，万分焦急的时候，宣中华、徐白民等代表和蔡谷卿赶来了。

蔡谷卿当即向大家宣布谈判的结果是：官厅同意学生提出的三点要求，即（1）立即撤退驻校的军警；（2）立即收回解散学校的命令；（3）定期开学，原有教职员复职。此外关于校长问题，立即取消金布为一师校长的命令，新任校长必须维持一师的革新精神，且必须取得全体学生的同意。

关于这一点，这里需要补充说明：原来一师同学提出的口号是："留经目的不达一致牺牲"，后来学生与经校长多次联系，经亨颐表示坚决不愿再留任，所以学生改为上述条件，表示其他人来做校长也可以，也算是向官厅做了一定的让步。

当时一师师生和各校学生听了谈判胜利的消息，高声欢呼，既为一师数月来艰苦斗争取得的胜利而高兴，也为浙江新文化的前途而感到高兴。等到警察撤退并走远之后，外校的学生才告别而去。

4 月 2 日，经校长原聘的教职员回校，部分学科开始上课，新校长来校之前，校务由教务主任陈纯人暂代。陈望道、夏丏尊、刘大白、李次九等四位教师坚决不愿再留校任教。

由北京大学校长蒋梦麟南下活动，商请暨南大学教务长姜琦来做校长，学生同意。11日，姜琦到校就职，向学生表示："自己当极力地贯彻经校长的主义。"17日全校复课。历时两个多月的"浙一师学潮"告终。

一师师生这次斗争，是五四运动在浙江的继续。这次斗争轰动全国，全国各大报刊纷纷发表文章，介绍与支持一师的斗争，影响了全国，因而也是1920年全国学生运动最突出的事件之一。这次斗争，并不是简单的一个校长去留之争，而是新旧文化、新旧教育思想之间的斗争。斗争的结果，虽然经亨颐与"四大金刚"自动辞退，离开一师。但新任校长姜琦就任后，确实贯彻了经亨颐所开创的教育革新精神，在某些方面还有所发展。如经氏任内尚未曾贯彻实施的"学科制"，也由他予以贯彻实施。学生代表可以参加校务会议，学生对本校教职员的进退，可以有权过问等。"四大金刚"虽走了，但姜琦校长请了朱自清、俞平伯、刘延陵，后又请了叶圣陶（绍钧）来任语文教师，堪与"四大金刚"相媲美。故可以说这次斗争的结果是新思想、新文化取得了胜利。

当胜利的消息传到北京时，当时在教育部任职的鲁迅，对这所他在十年前曾任教过的学校（那时称为浙江两级师范学堂）的斗争非常关心。他听到消息后，十分高兴，曾说："十年前的夏震武是个'木瓜'，十年后的夏敬观还是一个'木瓜'，增韫早已垮台了，我看齐耀珊的寿命也不会长的。现在经子渊（经亨颐）、陈望道他们的这次'木瓜之役'比十年前我们那次的'木瓜之役'的声势和规模要大得多了……看来经子渊、陈望道他们在杭州这碗饭是难吃了……不过这一仗，总算打胜了。"

我们的校长

曹聚仁

民国初元，浙江各府属，设立了省立的中学和师范；杭州贡院前的两级师范改为第一师范。"一师"先后，有过许多校长，可是，我们说到"我们的校长"，只是指经子渊（亨颐）先生而言，跟其他校长毫无关系。"一师"同学，组织了明远学社，经校长乃是固定的领导人，和其他校长也完全不相干的。

我初进"一师"时，正是经子渊先生任校长；以往的事，我们完全不知道。后来才知道改制之初，沈钧儒先生任第一任校长；后来，沈氏任浙江省议会副议长，辞去了校长职务（我和沈老相识，乃在上海；那时，他任法学院院长，我任教授。救国会成立时，我和他都是十一委员之一，他是带头人）。第二任校长夏灵峰，他是理学家，浙江富阳人。我曾经想到富阳去拜门，却不知道他曾在一师做过校长。直到二十多年后，看到许寿裳先生的《鲁迅印象记》，才知道有如次的一段经过：

1909年初春，我归国担任浙江两级师范学堂的教务长了。……

我四月间归国就职，招生延师，筹备开学。其时，新任监督是沈衡山先生（钧儒先生），对于鲁迅一荐成功，于是鲁迅就在六月间归国来了。

到了冬天，学校里忽然起了一个风潮，原因由于监督易人；衡山先生被选谘议局副议长了。继任者是一位以道学自命的夏震武，我们名之曰夏木瓜。到校的一天，他要我陪同谒圣，我拒绝了，说开学时已经拜过孔子，恕不奉陪。他很不高兴，我也如此。接着，因为他对于住堂的教员们，仅仅差送一张名片，并不亲自拜会，教员们大哗，立刻集会于会议厅，请他出席，他还要摆臭架子，于是教员们一哄而散。我因为新旧监督接替未了，即向旧监督辞职，不料教员们也陆续辞职，鲁迅便是其中之一。教员计有朱希祖、夏丏尊、章嵚、张宗祥、钱家治、张邦华、冯祖荀、胡浚济、杨乃康、沈朗斋……统统搬出了校舍，表示决绝。夏震武来信骂我是"离经叛道，非圣侮法"，简直是要砍头的罪名，我便报以"理学期人，大言诬实"。使得他只好勉强辞职，我们便回校，回校后开了一个"木瓜纪念会"。

大概辛亥革命前后，两级师范的人事，还有一些变动，恕我说不上来。即如许氏所说到的，那几位教师，到了民初，都到北京去了，有的进了教育部，有的任北京大学教授。许氏也到了北京，后来任女子师范大学的校长。

经校长原是两级师范的教务长，个子高高的，说话慢吞吞的，和我这个小不点儿的学生，恰好相映成趣。这样的校长，望之俨然，我从心底怕了他。不过，五四运动前后，他每回讲演；触及中日外交，爱国运动等课题，一提到曹汝霖，总说是"曹聚仁"，同学们无不哗然大笑，我实在讨厌他，却又不敢公开提出抗议。直到我做了学生自治会主席，和他有往来，才听到他向我致歉的话。我们的校长，乃是长子里的长子，我看到戴高乐的照片，不禁想起这位校长来。

依我所知道：经子渊校长，是王孚川先生从日本东京找回来的，请他担任两级师范的教务长。究竟两级师范的监督，王孚川先生在先，还是沈衡山先生在先，我就不清楚了；大概是孚川先生在先，衡山先生继之（孚川先生，倒是金华乡先辈，和我并不相识；就在抗战初期，我从皖南转到了金华；他从乡间托人向我郑重致意）。子渊先生大概是初级师范的教务长，因之继任一师校长。

我那时年纪很轻，经师又是我们的校长。当然说不上了解他的襟怀。直到后来，我才知道他是经元善先生的儿子。说到经元善先生，如今很少人知道他了。可是70年前（1900年），那是名震一时的新闻人物。那时，慈禧太后因为光绪帝听信了康梁的话，要变法行新政，她重又出来主政，杀了戊戌六君子，还决定废除光绪的帝位。那时经元善先生任上海电报局局长，和维新志士康氏兄弟很友好，变法时他筹了款，在上海创办女子学堂。慈禧废立之谋，给两江总督刘坤一阻止了，经氏在上海联合绅商侨民公电北京保护"圣"躬。慈禧接了电报，不禁大怒，立即谕示拿办。经氏的洋朋友李提摩太设法保护了他，把他们一家人送到了澳门。后来，经师就从香港转到日本东京去读书的。这是他的革命家世。

子渊师是一个富有艺术修养的文士，饮酒赋诗，能写一手好的《爨宝子碑》，又能刻很好的印子，也是西泠印社的社友；他也会绘画。他和陈树人、廖仲恺、何香凝都是很好的朋友，属于国民党左派。（十多年前，我到了北京，何香凝老人邀我在他们寓中吃饭，才知道廖承志先生的夫人，乃是经校长的幼女普椿。）经校长是勇于负责办事的人，他一生正直，依着自己的理想去做，不十分计较利害得失的，因而有"经毒头"的绰号。他不爱权位，不治生产，然而他并不是一个遁世隐逸的人。

我们在一师读书，每一年级，每一班组，每一星期，总有一小时"修养"课程由经师自己来讲授；这是他和我们接触的机会。他所谓"修身"，并不是"独善其身"的"自了汉"，而是要陶养成一个对社会有贡献的"公民"。他所挂的教育目标是人格教育，和当时上海江苏省教育会派黄任之先生等所提倡的"职业教育"正相对峙。他要把我们个个变成健全的公民；他也用了刘劭《人物志》所说的"淡"字来说明人生的极则，是一碗清水；一碗清水，才可以做种种应用。职业教育，乃是有了味的水；无论什么味的水，都是有了局限性了。他所聘请的教师，学问品性方面，对学生们的影响非常之大，他所标立的教育方针，也颇利于学生个性的发展。我后来看了他的自述，才知道他最深于人生哲学的研究。他认为一切道德观念伦理关系，绝没有一成不变的。因此，他对于五四运动的思想革命，不仅正面来接受，还加以积极的推动。究竟是因为他接受了新思想而为旧社会所痛恶呢？还是他的正义感，和省议会议员相冲突呢？也许两者都有一点在；因此，当代表反动势力的齐耀珊省长、夏敬观教育厅长，和浙江旧势力大结合，给他一个总攻击时，经师是昂然站着，一点也不退怯的！

经校长富有艺术天才；我的手边却不曾保留他的手迹；唯一值得珍藏的，只有一封他写给我们的亲笔信。那是留经运动后期的事，我以学生自治会主席地位写信给他，希望他回校中来，和我们见一次面，那当然是我们的天真想法。他的回信，非常恳挚，传诵一时，信中说：

诸弟：

　　我昨天接到你们的信，一字一泪，使我黯然伤心，说不出话来。

"母亲"一语，实在当不起。你们把这句话表示无限感情；我就用这句话来比方，声诉我的苦衷。这母亲是可怜的，黑暗家庭里三代尊亲晚婆压力之下的媳妇，还有许多三姑六婆搬弄是非——闻省公署有捏造的讲义——我悄悄地要想买些时新物事给你们吃，不小心被他们拾着了果子的皮和壳——《非孝》，立刻又翻箱倒筐地搜寻了一番，数次查办，也不说一句话；查办之后，并无对我说过一句办法不合，就立刻正家法，这媳妇决定"七出之条"了。

唉，官立的学校，委任的校长，我们浙江周围这样的空气，大胆来做革命新事业，这是我的错！你们太心急，要言行一致；一句话，件件事立刻要实现。虽是几个人的表示，都不免惹起一般社会和你们家族恐慌。寒假以前，我也曾对你们说过：要讲文化运动，教育家的态度，和他们记者的态度是有分别的；不可全凭主观，也要顾到客观的环境。曾相约开课后好好地想个脚踏实地的方法，何必引起外界的误会，反而不能达到我们的目的；你们当时也很领悟，哪里知道竟成了前尘梦事。

到如今，我不得不含着眼泪忍着心肠劝你们几句话：无论要做什么事，切不可拘执一种办法；对象和环境变得怎样，就该随时酌量，有所改变。我哪里舍得了你们，不过我们所讲的人格，和官厅所讲的面子，彼此都是宝贵的，所以我的复职，现在实在无从说起。

诸君啊！我没有别的话了！就是我不能够再和你们一块儿同居，你们是终要一块儿生活的；倘若我听到你们……（那时，官方有解散一师的决议）我的心痛煞了！你们要认定我们所争的目的，是文化问题，不是人的问题。现在官厅究竟怎么一个办法，虽不可推测，据我想来：一、如官厅没有维持文化的诚意，决不肯收回成命，要想复职，人格何在！二、如官厅有维持文化的诚意，一定会有适当的校长来继续进行，又何必拘于要我复职，使官厅面子为难？

诸君！我的愿望，我的责任，本来还没有做起。可是我要斟酌一下，什么方法最好，什么地方最好，少不得休养若干时期，细细考虑一番；只要文化运动不断命，相见的机会正多！我此番到杭州来，是凭一种资格想来调停调停；却被你们这一封信，我的调停资格又被取消了。

诸君啊！我听得近日校内一个没有别人，我也不能来看看你们，我多少挂念！所谓"咫尺天涯"，彼此相同。

经亨颐三月十九日

春晖的日子

春晖中学计划书

——受上虞陈春澜先生之委托

经亨颐

自来论学校教育之性质，研究学制系统，自上而下，自下而上，中学校为其焦点。或曰中学校为普通教育，或曰中学校为预备教育，莫衷一是。自余思之，实不成问题。中学校之毕业生，宜一式，抑宜多式？主一式者，即划一教育，有解决普通教育或预备教育之必要。主多式者，有普通教育之性质，又有预备教育之性质，亦何不可。余为倡人格教育、英才教育、动的教育之一人，即主张中学毕业生宜多式而不宜一式也。上虞陈春澜先生欲捐资在故乡创立春晖中学校，嘱余为之计划。夫春晖已有高等小学、国民学校，开办有年，成绩炳然，今又续办中学，懿欤休哉！不独邑人受其赐，而吾浙又多一最新式最完备之中学。其宗旨之如何，规划之当否，既承委托，余应负完全之责任，而数年来所抱中学教育理想上之研究，亦得见诸事实。一洗从来铸型教育之积弊，亦当世教育家所乐闻，父老子弟所欢迎也。

动的教育，非故违部章也。今日之学校，部章各条，本未有做到几字；拘守之而不加研究者，更无论矣。活用部章，实施之所以促其改革。

近来教育部亦虚心征求各处之意见，吾知其已有改革之动机。若以实施之结果，为建议之证例，则其采择必较空论为易。如修学年限问题暂不主变更。吾国学校，有但计年限不计教材之大弊。毕业已近，而本无教案细目之教员必延不及授完，或略去，或草率了事，已成通例。对症下药，亟宜创教材为主不拘年限之说。动的教育，但闻教课修了与否，不问年限满足与否，始业修业，随时举行，亦无不可。而余所以不主变更者，非恐搅乱不容于部章也。原夫英才教育亦有二种之研究。教材有限定而时期不限定，或时期有限定而教材不限定。余采后说。假使一学生，可不必四年而能修了其限定之教科者，既不令其毕业，作何办法？窃谓尽可依其趋向，将中学以上之教科，令其加习。盖吾国中学与大学本不衔接，如此英才，且希其出洋留学，其所加习，适可合外国专门以上学校之程度。即不然，中学毕业在社会服务，所需知识，岂必以现行中学毕业程度为囿？故修业年限，不妨仍定为四年，而至三年级以上，当另设一"加习级"以收容之也。

以能力别编制学级，为动的教育之要件。其间纷错故障，在所难免，姑不全取此法。而一学级中不无少数低能，或因故一二门成绩不逮，向章辄予以留级一年，亦未免不尊重青年之光阴。近来又恒有家庭自学之学生，苦无学校可入。部章中学校入学资格，虽屡次表示郑重，究无绝对不得收受之明文，不宜变本加厉，将家庭自习有志求学者，一概麾之门外。但各年级各教科程度，循序排定，中途插入，明知为难，不得已令其某教科入某级。某教科入某级，固无不可，细思之，不如另设补习学校较为妥便。中学四年，拟于一、二年级间及三、四年级间，设补习学级二级，合前所述加习级，全体共当有七学级。向以学级数、时间数预算经费，则所增亦不多。现行学校，必设学监，专务管理，教员则闻铃到场而已。既主"专任制"，则概不设学监，即庶务会计，亦与学生有接触。以二三十元月薪之职员，难期有相当之标准，于训育大有窒碍。故余主张校内校长以外，概为专任教员。管理何莫非教，事务何莫非教。学校以内具教务，岂仅教室内始有此作用？学监庶务会计等事，均由校长于专任教员酌量分配，即稍有劳逸，亦不应计较。唯缮写、书记等，可用雇员数人，属于各专任教员，对于学生，则无直接之关系。校长与各专任教员，不但应与学生同寝同食，且须实行以身作则。人人有劳动之责，如洗濯、炊事、购物、洒扫、庭园作业等，均由教员、学生合组劳工会分任之。任免教员之标准，即能劳动、能研究二语。其资格，其经验，一概不计。今日之所谓高等师范毕业生，亦未必尽为有用。所谓办学几年以上者，积弊之深，且成正比例。专任教员初任时，年脩定为七百元。加俸则有之，无所谓年功，共分若干级，其最高额为千六百元。详细办法自当另行规定，兹将逐年职员薪脩一项经费列表如下：

年别	经费	说明
第一年	6780	校长一人 1200 元，专任教员 6 人年各 700 元，书记三人年各 300 元，校医一人年 480 元
第二年	8380	照第一年加专任教员二人 1400 元，又假定加脩 200 元
第三年	10380	照第二年加专任教员二人 1400 元，加书记一人 300 元，又加脩 300 元
第四年	12880	照第三年加专任教员三人 2100 元，又加脩 400 元

次论设备，则教室问题宜首先解决。或谓教室之安排，但须学生有坐处、教师有讲处可也。学生座位，纵横行列，讲台则利用光线，居乎其上而已矣，流为书本教授之弊。职是之由，所谓普通教室，任何教师，此上彼下，一年级一室，近来中等学校之设备多如此。其所谓特别教室者，至

多理化一科，他如博物、图画，设特别教室者已不多觏。至若数学、地理、历史，且谓无特别教室之必要。总而言之，中等学校之教室，多用年级别，而不用学科别。为图节省经费而贪办事之便捷则可矣，独不为彼教育者利益计乎？地理、历史之所谓标本仪器，至多几幅地图与一个地球仪，数学并两脚规不备，何有于应用，何有于实验？理化一科，教师用器械，每多零落不全，学生则并一玻管不得着手。近来理科教学之革新，尚学生自己实验，教科书只作参考之用，故非特有特别教室，且当有学生实验室。理化教室用阶梯构造，尚非最上之计划。总之，教室内教员与学生不必限定相对方向，当参用不定方向。博物理化教室，均当为半实验室、半教室之构造。数学亦宜建特别教室，设置器械模型，令学生随时使用。地理应注重物产，故亦有种种设备。地图当归历史教授时所用，切莫如从来徒作国文材料而已也。此等（理化、博物、图画、数学、地理、历史）特别教室及学生实验室外，其他普通教室，可无须一级一室，设二三室轮流亦可以敷用矣。兹将应设各室拟之如下：

礼堂一

合级教室一

普通教室三

加习、补习教室二，较小

特别教室七：理化、博物、地理历史、图画、手工、音乐、数学

学生实验室二

图书室一

其他例有之事务室、应接室、自修室、俟建筑时再详述。其设备购置经费列表如下：

年别	经费	说明
第一年	4300	木器 1000 元，图书 500 元，屋外运动器械 2000 元，数学史地图器具 500 元，图画手工器具 300 元
第二年	3300	木器 500 元，图书 300 元，体操教具 1000 元，博物标本器械 1000 元，图画手工器械 500 元
第三年	2800	木器 500 元，图书 200 元，理化器械 1500 元，图画手工器具 600 元
第四年	1000	各种不足

此外如学校园亦不可少，对于勤劳教育及养成实业之兴味，与训练至有关系，其设备姑俟成立后再拟。又有一重要之意见，学校不但教育学生，尤当教育社会。故如开放运动场，设通俗展览会及讲习会等，亦须责成校长及各专任教员主持办理，指导学生养成对于社会服务之观念。而是等事业，影响所及尚不远，况斯校僻在乡间，故又宜刊行学校杂志。此种杂志非如近来各校之校友会志，徒事表彰成绩已也，当以灌输思想学术为主旨，如近来《北京大学月刊》。学校程度虽有分别，而同为教育研究家所居之地，促进社会文化之职责，当然与大学并驾齐驱。将来春晖中学月刊，为全国人民所必读，庶名副其实。春日之晖，普及遐迩，岂独一乡一邑已哉！得各以上组织，是等经费亦所需不多，已容纳于总预算杂费之中。夫专任者，专职于校，非借口专心于校而不顾门外事也。编辑杂志及讲演等，对社会各事业皆为其应尽之职分。研究精进，报酬岂独加脩，非然者免之可也，决不可徇情，朋比误人。平时担任教课，则勿使筋疲力尽，故员数较多，杂费较裕，已在计划之中，兹将总预算列表如下：

项目	第一年	第二年	第三年	第四年
薪俸	6780	8380	10380	12880
购置	4300	3300	2800	1000
杂费	1000	1200	1400	1600
工资	384	470	566	662
总计	12464	13350	15146	16142

　　自第五学年购置可随省，以后平均经常费约 15000 元。学费等收入每人每年定为 30 元，以 200 人计，共 6000 元。今既有以 10 万元拨归此举之说，则以 2 万元为建筑费，其 8 万元，半作存款生息，半购妥实股票，平均以一分二厘计，可得经常费 9600 元，亦可勉强支配。唯此最新式之办法，容有未及见到之处，事实上恐有不敷。若以 10 万元全作经常基本金，则必能圆满无缺，其建筑费最好另支。为学之道，期于至善。夫此一校，其组织已可抵两校，共影响直可作无数校观。至已办之高等小学、国民学校，宜如何改善，与之联络，与夫开校后一切管理之方法，训练之旨趣，教课之变通，本此宗旨。抽象之计划，未尽欲言，校长得人，必更能匡所不逮。至商榷之责，余固不敢辞焉。

勖白马湖生涯的春晖学生

经亨颐

本学年是本校开校以来第三学年了。过去二年中有如何成绩，不敢自夸自信。虽外面或许有赞美我们的，我们只能认为自家人互相协助，在不满本校的，且以为这种都是做屏风罢了！所以我对于本校这二年来经过情形，不愿举出如何优点，如何特色，来做广告。我认为教育事业，到底靠卖广告是无用的。白马湖三字，知道的人已经不少，凡是到过本校的人，没有一个不说风景极好了，所谓"环境"享自然之美，不受外界牵制，诚然诚然。优点不过如此，特色不过如此，但我的顾虑也就寓于此。

前学年放学的时候，我曾对全体职员学生演说：本校校风，有不能不应加注意和纠正的地方。学生举止言动，不知不觉露出一种矛盾的人生观。这一种情形，在别的学校，都是不容易得的。说是青年习气，又含有老成模样；说是目光高远，又不脱乡村狭小的风度。此无他，就是白马湖生涯，环境和程度不合的原因，有以构成之。我以二字概括表示，曰"浅"和"漫"。——并非我好玩弄文字，找得两个都是水旁的字，来描写白马湖生涯。"浅"是气量浅狭的浅；"漫"是浪漫的漫。普通为人，如

120

其是气量浅狭的，绝不至于浪漫；如其是浪漫的，他的气量决不浅狭。就是以水来形容，既浅了哪里能漫，既漫了，决不浅，所以这二字实在是矛盾的。如此矛盾的人生观，本不应当有，在初中时代的学生，谈什么人生观，并不是太早，实在是人生观尚未确定，因未确定，所以矛盾，我认为不要紧的。

我甚爱白马湖，我所爱的是白马湖自然的环境，极不爱白马湖人的环境。概言之，爱乡村的自然的环境，不爱乡村的人的环境。就是我们应当感化乡村，切不可为乡村所化。乡村生活原是困苦的，能耐苦而不计较，方为乐天知命，或不失为消极的一派人物。但我感到的不是如此，你有饭吃我不平，你多吃一块肉，甚至闹成打架，生活既如此计较，何不出外做事，别图发展。终年享安乐，乡下老"店王"没有一个不刻薄，且依着家声，夜郎自大，这种恶习，最为可恨。白马湖本与近村隔绝，我所谓"浅"何所见且云然？闻上学期因教员另室膳食，学生讥为揩油，几酿口舌。把乡间吃清明饭吃会酒的观念，来对付师长，算什么话。我办学十余年，虽尝感学生对学校争计经费，无微不至，从未闻对教师自费自食，有如春晖学生之表示者。倘因此使教员灰心，减少课外指导的工作，所得者小，所失者大，万万不利。本学期应以极敬诚之意，恢复如旧，我已请代理校长切实矫正，虽区区小事，我认为春晖特色师生和蔼的根本要动摇，望全体学生各自觉悟，切嘱切嘱！

"漫"字从何说起，我和你们平时少接触，并无对我有如何不恭的举动。但观察你们进出游戏，以及宿舍中陈列不整不洁，好像是故意欢喜如此，以随便为舒服。"浅"是不愿他人舒服，"漫"字但求自己舒服，焉有此理。即不然脑筋中横着旧式所谓名士新式所谓诗人的标本，忘却自己现在如何程度，好高骛远，俗语所谓"未到尚书第，先造阁老坊"，这实在是近来青年的通病。但在都会中，有种种刺激，强迫使他觉悟。僻处白马湖，要望碰着自然罚的教训，除荡船不小心落到河中而外，再没有别的机会了。所以慢慢地愈加漫起来。你们自己是不知不觉的，也是我所戚戚过虑的。长此过去，渐渐加甚，那是我要叹一声，春晖设在白马湖，铸成大错了。

青年以傲慢为荣，对师长能抗辩，自命得意！洵如是，真是教育无能了。我不是愿意压抑青年的人，但决不能听任你们无理的自由。你们不是终老白马湖，社会之大，到处荆棘，将来出去受种种突然的苦痛，那时一定要怪我何不早为指导。藐视一切，算有思想，碰着社会上略有不满意事，便搬出须多不耐的口号，"算什么"，"没有意思"，"不承认"，试问这种话徒然说说何用，结果仍是自己烦恼！我此次来杭，列席省自治会议，有许多感触，把来自乡间所谓纯洁的脑筋，不免混乱了。但自觉缺乏社会常识，不能应付，非深自勉励不可！又觉得今后人生，无论何人，不得不加入政治运动。例如近日东南战争，已开火旬日，我就以此事来问白马湖生涯的人，抱如何态度？我料想一定如此说："这是他们军阀和军阀夺地盘，和我们丝毫不相干，谁败谁胜，结果不外以暴易暴。"苏人如何心理，不得而知，浙人反对贿选者，多表示助卢，或且认为别有作用。我以为不论贿选，不论军阀，为什么弄到这步田地，终结一句要归咎于人民自己放弃。何以使他们选可以贿，军成为阀，在未贿未成阀以前，假使有共同严格的监视，何至如此。一般人民程度实在不够，中等以上学生的知识阶级，如其永远抱着脱离政治自命清高的态度，反面就是放胆可以贿选，或比贿选更甚比军阀更暴的行为，何妨任所欲为。在乡村中人，听说外面又打仗了，莫名其妙，不知为了何事。他们要打，我们老百姓能够说一句不准才对，绝不是不可能的，只要人人心目中认为国家事变，和我们有密切关系，自然有一种势力可以制止。事后说什么人民受其荼毒，痛骂不肖官吏、猪仔议员，实在是来不及了！官吏这样腐败，但行政权仍操在他手中；议员这样卑污，但放屁的通过了一案竟要发生效力。非根本的剥夺他们行政权，严厉监督选举不可。这种工作，都要全体人民做的，靠少数人不相干。但因为靠少数人不相干这句话，流为消极，就是放弃公民权的起点，这种态度，近来知识阶级中最多，浙江人尤其有这种怠性！西湖游玩，阿弥陀佛念念，一点振作的气象都没有。所以我认为地理环境，和人生有极大关系。唉！白马湖尤其偏僻吓！

　　我从今愿重新做学生，我特别表明叫作第二种学生，因为从前做的学生，并没有把这种学生同时做在内。但知专心教科，所谓埋头读书不问世事，算好学生。高谈什么哲理，什么文艺，尤其自命矫矫，哪里知道和社会切要问题，路差得不知多少。白马湖不是避人避世的桃源，是暂时立于局外，旁观者清，不受牵制，造成将来勇猛的生力军的所在。存着如此观念，所读的书，都是经世之学。把我现在才觉悟要想补习的第二种学生，和照例的第一种学生同时用功，同时进步，眼光放得大，度量放得宽，切勿妄思自由——要知道自由是成立于共同生活，决不能成立于个人理想！又如今日社会纷乱，谁不酷爱和平，要知道和平是成立于全体努力，绝不是成立于袖手享福！我说来说去，无非希望你们从一般的人生观立基础，切不可以特殊的人生观取巧走捷径。今年新招的学生不少，本校情形，不甚明了，以为我讲这番话，究竟有什么用意。我要声明，却是为旧学生头小帽大，暧昧的人生观而发。本来对你们初中学生，或者不必讲如此海阔天空的话，教育上还认为太早。可是我们春晖的初中学生，却有特别速度，已经把人生观提高了，我就利用这个优点，和你们恳切地谈谈。外面有一种舆论，认为白马湖办初中实在不相宜，这倒是明言。但学术程度是程度，人生思想是思想，只要不弄错，提高何妨。今天是中秋，烟雨迷离，遥想山间明月，也不能叫它皎洁如常！省立各校，已受战事影响，明令停学，我们春晖，还能够依然开学，这终算是例外幸福。寄语全体学生，努力进步！

秋季运动会开会辞

经亨颐

我们春晖中学今天在白马湖秋色苍茫之中来开陆上运动会，这一次开会发起很匆促的，幸而大家很高兴，热心此举，就能够最短期间办起来。无论何事，精神所至，无不成功！承大家推举我为会长，这是非常荣幸，所以有几句极恳切的话，抱着无穷希望，申述今天的开会辞：

近来各处学校，少听到有单独举行运动会的。从前我在杭州任校长时，差不多年年开的，不过那时所开运动会的方式，现在想起来，觉得太幼稚，太花式。一般观众口中，有一句某校掉运动会（乡谚唱戏叫做掉戏），某校掉得好，某校掉得不好。就是花式多的认为掉得好。看运动会和看把戏一样观念，这是大弄错了。自从远东运动会等大规模大竞赛开过以后，纠正从前游戏式浅薄幼稚的风尚不少。运动会是为比较纯正的体育而开的，是公开请内行人体育家指教批评的，许许多多非体育家来宾无非哄闹热，没有什么道理。我们这次所以不主张广发入场券，今天参观者虽少，于开会全无关系。并且要郑重声明，我们今天的运动会，和远东运动会等性质又有不同。远东运动会中，以胜负为唯一目的，优胜即荣誉，那是各处选手所集合。某处选手胜，就是所代表某团体的荣誉，方法上也只好以胜负作解决。我们今天的运动会，原是也有胜负，而且胜者得奖品。这是例行办法，但切不可以此为唯一目的，运动会是以运动为目的的，运动会中体育上的技能当然要表现，同时人格上的品性也完全可以表现出来。今天一天的运动会中是将各个人把以前的技能品性悉数表现出来，临时预备是绝对不可能的。体育比智育，预备不预备，格外明显，体育只要勤于预备，大概是可能的。这次运动会节目中，所列皆为决赛，很有道理，可以证明平时皆为预赛，我很佩服本校体育主任的办法，认为今天的运动会是最纯正的运动会。

今天所开的是纯正运动会，我更盼望今天闭会以后，大家要继续保持各人自己的纯正运动！何谓纯正运动，我把古人来举一个例，"陶侃运甓"就是陶侃的纯正运动，每天他把这几多甓运来运去，旁人看他以为发呆，不知他是以运动为目的。我自己每天早上也有例行的运动，已经继续八九年，当时家中儿女辈见而发笑，我全不顾及，现在习以为常，也不笑我了。处现在物质文明很发达的时代，旅行实在和幽居无异。古人因为幽居而有自己调剂的纯正运动，我们更要注意非幽居而有纯正运动之必要。以前本校有一个全国徒步旅行者经过，我认为对于这一点有很多价值。轮船，汽车，飞艇，都是足以使我们体育退化的。我们坐在轮船汽车与飞艇之上，对船车艇以外是很速的移动了，可是身体对于轮船汽车飞艇，依然不动，古人因为幽居身体不移动而自勉的定为纯正运动，我们虽非幽居，交通便利，仍是移而不动，等于不移动，且其他反体育的种种诱惑，比古时愈奇愈多，所以以纯正运动，保持健康，更为切要。诸君在学校中，得有相当设备，岂非锻炼身体大好时期？本校化许多钱，买这一块地，来做运动场，如不能收到体育上的代价，牺牲不少农产，岂非辜负？在诸君犹属自误，勉之勉之！

本校处山清水秀之中，环境非常静寞，当时择定地点，我就有一种过虑，青年在此清幽环境之中，难免有颓唐的趋向！我今天概括的武断一句话，本校学生如对于体育有兴趣，绝不至于颓唐，体育是可以慰寂寞而纠正颓唐的。本校其他各科学但求平均注重，不愿本校或以美的环境，特别造成什么文学的人才。不过本校如能以体育著闻，却是深所盼望的事！因为所谓健全精神宿于健全身体，诸位将来立身行事，皆基于此。所以把体育成绩佳良，立为学校考成唯一标准亦无不可！今天是陆上运动会，我更盼望利用白马湖天然佳境，明年春季来开一个水上运动会，竞漕和游泳尤有特别价值。人非两栖，有时遇水，生命存亡在霎那间，所以对水上运动，我每思提创。开校已八年了，何时能实现，深以为虑。此时运动会闭会以后，何妨一同进行，我力所能及，必思有以观厥成！

纪念经亨颐先生

张　革

经亨颐先生是我们前辈著名的教育家。他爱祖国、爱青年、不断前进、永葆青春的精神，与世长存，永远为人们景仰。

1925 年夏，我与从弟由伯父陪同到宁波投考四中。据伯父说，经校长是我们上虞的先进人物，你们要尊敬他，听他的话学习。伯父领我们去见他，我们毕恭毕敬地向他鞠躬。他命我们坐，问明了原因，就说："你们好好准备去考吧。"

这是我第一次见到经先生。他身材瘦长，穿一套朴素的中式衫裤，一双拖鞋，戴着眼镜，鼻子有点红色，面容慈祥，讲话虽然不多，但使人有"讲一句算一句"的感觉。

我们考取了。那时经先生实施"二四制"，即初中二年，高中四年。高中四年中又分公共高中二年，分科高中二年，所以也称"二二二制"，这是当时经先生为适应国情多出人才所创设的学制。我读初一年级，在宁波湖西分部。经先生对老师总是选贤任能，能做到教学认真，考查严格。我们又是第一次离开家乡的住校生，学校特别关心我们的生活。如在礼堂集合时，老师特地搭一张床，教我们怎样折棉被。同学们都很用功。

但到了学期中途，在南门外校本部的高中学生突然赶到分部，对我们说："有人要赶校长，我们不能读书了，罢课吧！"这对我们这些小青年来说是件新鲜的事，因为是第一次碰到"闹学潮"。于是去问老师，老师说："书是要读的，事情是要解决的。"但什么事要解决我们也不知道。高中学生每天来，他们教我们一起喊口号"打倒阿拉主义！"后来逐渐使我们有点头绪了，原来当时宁波有些土豪顽劣，存着严重的地方主义思想，认为校长应该由他们那批人来当。但学生拥护理想的校长经先生，不愿经先生离开。高中学生能够分析事理，明辨是非，所以提出"打倒阿拉主义"的口号。根据宁波方言，"我们"称"阿拉"，阿拉主义指唯我为主排斥其他的那种地方主义思想。当时教职员与学生站在一起，展开驱经与挽经的斗争。正在这一紧要关头，当时的教育厅竟然派经先生去日本考察教育，使经先生于十月间愤然离校。

这次学潮的主要特点是学生拥护校长，师生站在一起，与地方势力做斗争。这与一般学生反对校长的学潮根本不同。经先生的崇高品质，民主先进的教育思想，切合国情的教学设施，进一步深入人心，受人景仰。

1935 年秋，王文川先生任春晖中学校长，我去教书。经先生是名誉校长。我是春晖改三三制后的高中第一届毕业生。校里还有我原来的老师。我初次教书，只求把书教好，不管其他。一次，校长请一些人到他那里去，说有个别教师伙同部分学生要闹事了。这个消息很突然。大家主张去请示经先生，推三个代表晚上到"长松山房"去。结果我是代表之一。推我的理由是：也得有一个年轻的，又是本校的毕业生。相见时，由老教师介绍代表，说明请示原因。经先生直截了当地说："无理闹事不行，你们回去劝学生好好上课，有意见可以提。至于有教师鼓动学生闹事是不可以的。"我们回校告诉王校长。但过了两天，王校长对我们说情况有变化了，经先生第二天听了学生的报告，认为学生对学校有意见是正确的，并非闹事。至于有教师以个人目的鼓动学生是不允许的。后来学生提了些什么意见我不清楚，但确实有一个教师中途离校了。从这一过程来看，我认为，第一，经先生处理事情是大公无私的，能兼听各方面的意见，做出比较正确的判断。第二，从爱护学生、尊重学生出发，以一个教育家的崇高姿态，对学生进行利导，既肯定对的，又提出改进劝告，使年轻一代向健康的道路发展。

经先生之为著名的教育家，从上面所提两件事例可以看到一斑。在浙江由经先生主持过的学校，如杭州一师、宁波四中、白马湖春晖，都声誉卓著，人才辈出。经先生对培育人才的贡献，对民主主义革命的贡献，都是巨大的。特别是白马湖春晖，是经先生一手创建起来的。我有幸读过书，做过教师，也一度当过校长，缅怀先生，特别深切。当纪念经先生诞辰一百一十周年之际，敬献数句如下：

> 红树青山白马湖，
> 育才多格众心孚。
> 高风亮节垂千古，
> 百一十年仰大模！

忆二十年代的春晖中学

斯而中

> 慈母手中线，游子身上衣。
>
> 临行密密缝，意恐迟迟归。
>
> 谁言寸草心，报得三春晖？

这是唐代著名诗人孟郊的一首诗，由丰子恺谱曲，用来作为春晖中学的校歌。当莘莘学子高唱这首校歌时，莫不为歌词中的母子之爱所感动，莫不为学校老师的循循善诱所激励。虽然这所学校从创办到现在已经数十年了，但从这所学校毕业出来的学生回忆起高唱这首校歌时的情景来，仍然不免为之动容。

春晖中学创办于 1921 年 12 月 2 日，正值五四运动爆发两年以后，中国共产党诞生的那一年。虽然这不过是一所普通的初级中学，但名声很大。出资创办的是民族资本家、华侨陈春澜，首任校长是经亨颐，他在文化教育界中，可以算得是一个思想进步、作风开明、声望卓著的人物，聘请的教师都是在国内素负盛名的第一流学者和文人，如夏丏尊、丰子恺、朱自清、朱光潜、刘薰宇、刘叔琴、赵廷为等。有的自愿放弃大学教授不当，有的辞去书局编辑职务，也有视官衔如敝屣，甘心仆仆风尘，袯被就聘，从远道到这座乡村学校中来执教。

最值得一提的是学校的训育主任兼数学教师匡互生。他是湖南人，毕业于北京高等师范学校。辛亥革命时，曾跟长沙革命党人攻打过清朝巡抚衙门；在五四运动中，他首先打进卖国贼曹汝霖的住宅并火烧赵家楼（曹宅所在地）；毕业后，到湖南第一师范去教书，参加过健学会，从事驱逐湖南督军张敬尧的活动。他从湖南一师转到春晖中学来任教，由于他有一段大无畏的光荣斗争史，学生们无不肃然起敬，威信很高，但不幸在1933年病逝。

这样阵容坚强的师资队伍，吸引了莘莘学子从各地负笈前来。有的已是旧制中学的高才生了，也甘愿降级插班就读；有的年龄较大，超过了初中学龄，但也不惜从头学起，跟年轻的同学共同切磋。当别的旧制中学生还在埋头啃四书五经、《古文观止》《论说文范》时，在春晖早已提倡读白话文，写白话文。《新青年》《创造季刊》《语丝》等刊物和鲁迅、郭沫若、郁达夫、茅盾的著作，都已成为春晖学生最喜爱的课外读物了。

春晖中学位于浙江上虞的白马湖畔。从驿亭下车，沿湖行走，一路桃柳夹道，湖光潋滟，环境优美。迎面是一座座的教员宿舍。夏丏尊的住宅取名"平屋"，客堂中有夏先生自撰自写的一副对联："天高皇帝远，人少畜生多。"夏先生的"平屋杂文"，就是在这里利用课余时间写成的。丰子恺的住宅取名"小杨柳屋"，后改名"缘缘堂"，丰先生匠心独运地把住宅布置得十分艺术化。还有数学家刘薰宇的住宅。经过这些住宅再往前走，就可以看到一座厅堂，那是为了纪念创办人陈春澜而建的"春澜堂"，是学校的会议室。其旁有一座西式小楼是校长经亨颐的住宅，取名"长松山房"。再跨过一座木桥，就进入春晖中学了。

春晖的校舍都是新建的西式楼房，一座教室大楼取名为"仰山楼"，从上面看下去呈"山"字形。学生宿舍呈"凵"形，取名"曲院"，也是楼房。还有办公大楼、图书馆、实验室、食堂等。仰山楼前辟了一座游泳池，还有足球场、篮球场、网球场等。学校有发电设备，入夜灯火辉煌，照耀于湖光山色间。学生宿舍每四人一间，有单人床、小写字台等，适宜于晚间自修。

每逢春秋佳节、月白风清之夜，就在仰山楼前的草坪上举行露天音乐晚会，名曰"月光晚会"。由音乐教师丰子恺率领爱好音乐的学生演奏钢琴、手提琴等，丰老师还特地为学生们用钢琴演奏贝多芬的《月光曲》。真是凉风习习，柳叶微飘，月光洒地，乐声悠扬。学生们都为美丽的白马湖景色和贝多芬乐曲的优美旋律所陶醉。

春晖中学虽然是一所初级中学，但延聘的教师都是蜚声学术界的人物。教务主任由杨贤江担任，他是我国第一个用马克思主义观点研究中国教育学的学者，由于他当时在上海，忙于编辑《东方杂志》，所以只能遥领此职，实际负责教务的是数学家刘薰宇。陈望道虽在春晖没有教过书，但在春晖开创时曾做过招生工作。训育主任是匡互生，总务主任兼数学教师是章育文。教师队伍中，像夏丏尊，原是浙江第一师范的国文及日语教员，后转赴湖南第一师范任教。他早岁留学日本，翻译过国木田独步和芥川龙之介的小说多篇，其中《女难》一篇发表在《东方杂志》中，很受读者欢迎。当时颇享盛名的意大利的亚米契斯的教育小说《爱的教育》，就是夏先生根据日译本转译过来的。当他在春晖执教时，已在"平屋"利用课余时间，从事这部长篇小说的翻译了。他在春晖教国文时，竭力提倡读白话文，写白话文。他很俭朴，穿一件竹布或爱国布长衫，略蓄短须，看到学生，眯着眼睛微笑，既和蔼可亲，又诲人不倦。他力主写文章要言之有物，写得浅一点、通俗一点不要紧，但要内容充实。最忌陈词滥调，也挺反对有些学生在文章一开头，用"人生在世"或"光阴似箭，日月如梭"等人云亦云、半文半白的东西。在他的悉心指导下，同学们爱读新文化运动中涌现出来的代表作品，如叶圣陶、孙福熙、刘大白等的作品。又如朱自清，也是一位很受同学欢迎的国文教师。他那篇同俞平伯各写一篇的有名散文《桨声灯影里的秦淮河》，就是在春晖执教时，利用暑假到南京去旅游时的作品。还有一篇《荷塘月色》，也是在春晖写的。他把家眷从温州接到上虞来，而学校无宿舍可安顿，只好在离校不远的山岙里租一间民房居住。从学校回家，路经一大片水塘，里面满种荷花，迤逦约一里许，月夜经过荷塘，有感而写下这篇传诵于今的有名散文。当他一离开春晖，清华大学就聘他担任中国文学系主任，后来留学英伦。朱自清是文学家、名教授，解放战争时期，他宁死不吃美国救济面粉，他的崇高品格，赢得了全国人民的赞扬和毛泽东的嘉许。又如丰子恺是教音乐和图画的，他的独特的漫画天才，在春晖执教时已渐露头角了，在《春晖》校刊中登载过他的素描和漫画，寥寥几笔，就把吴稚晖的脸型勾勒出来，栩栩如生，引人发笑。他教音乐课有一个特点就是先教唱，然后他盖上了钢琴跑到教室大楼外面去听我们在教室内的合唱，如果有什么地方唱得不整齐，不合拍，或音色不好，他就回到教室里来逐一纠正，要我们重唱，总要唱到完全合乎要求才止。国文教师冯三昧，诸暨人，也是很有风趣的一位教师。他是《小品文作法讲话》的作者，他最爱教我们习作小品文，并且经常以元曲小令为教材。英语教师赵廷为，是一位教育理论家，研究教育心理。还有新从英国留学归来的朱光潜，他一边在春晖教英语，一边在写《谈动》《谈静》等散文，终于汇集成《给青年的十二封信》了。由于他的英国经院式的教学方法，同学们一时不易接受，因而遭到一部分学生的反对，使他不欢而离春晖。不过事后回想起来，他终究不愧是一位好的外语教师。数学教师刘薰宇，也是一位好教师，后来他为《中学生》杂志经常撰文，并与夏丏尊合写过《文心》。历史教师刘叔琴是史学界中的知名之士。匡互生担任训育主任，实施感化教育，同学们如犯错误，他绝不主张用记过、开除等惩罚办法，至于体罚更是严厉禁止使用。他主张跟学生以谈心的方式，互相交换意见，务必使犯错误的学生自己认识到错误，决心痛改前非。在他的诚挚热忱的帮助下，许多学生会感动得淌下眼泪，因而收到教育效果。而他深更半夜巡查宿舍，替学生盖棉被，倒茶水，问暖嘘寒，以身作则等行动，使学生感到他真像家长一样爱护备至，心里充满着温暖。

其他较有名望的教师，如方光焘，曾担任过英语教师，后来改任南京大学外语系主任。王任叔，笔名巴人，著有《文学论稿》等文艺理论书。王文川，著有《王文川英文法》等书。楼适夷（翻译家），现在中国科学院外国文学研究所工作。翻译家黄源也曾在春晖担任过教职。

有了这样坚强的教师阵容，当然使教学质量显著提高，因而在春晖毕业的学生中人才辈出。

春晖中学不但聘请了许多优秀教师，而且由于学校僻处于上虞一隅，学校当局深恐学生见识不广，所以邀请了各界的知名人物前来演讲，使学生们获得多方面的知识。曾应邀来校演讲的有蒋梦麟、吴稚晖、杨贤江、沈定一（玄庐）、杨之华、俞平伯、叶圣陶、李叔同（弘一法师）等，有的谈政治，有的讲学问，有的讲人生观，有的讲思想史，也有介绍学习方法，指示就业途径的。总之，使学生们听了能增长见识和学问，为立身处世做出选择。每篇演讲词的讲稿，都由同学们笔记下来，加以整理后发表在《春晖》校刊上。尽管这些知名人士各自观点不同，但其中如吴稚晖的诙谐，杨贤江的精湛，沈定一的雄豪，俞平伯的洒脱，李叔同的淡泊，都在同学们的幼稚心灵中留下了不可磨灭的印象。的确，当时的春晖中学是人文荟萃之区，比较之下，不仅使省立各中学望尘莫及，就是国内有些大学也相形见绌。

春晖中学的文娱体育活动也是多种多样的。除了上面说过的音乐晚会外，还由同学们自己排演话剧，如排演郭沫若的《棠棣之花》，洪深翻译的《少奶奶的扇子》，都曾经公演过。游泳比赛、球类竞赛等也经常举行。这些活动，在20年代的学生界中，不能不说是开风气之先，具有一定的进步意义的了。

这所学校虽创建在五四运动爆发以后，但终究是处在军阀割据的混战时代，在那样的黑暗岁月里，要实现新的教育理想，要实施新的教育方法，阻力当然不小。所以当时浙省行政当局和教育界中某些守旧人士对这所学校不是横加攻击，就是刻意刁难，甚至派人钻到这所学校里来从事诽谤、煽动和捣乱活动，因而造成一批进步教师感到办事棘手，教育方针不得贯彻，愤而辞职。像夏丏尊、刘薰宇、匡互生等都往上海去创办立达学园，朱自清则往清华任教。夏丏尊到上海后，除在立达学园教书外，又创办了开明书店，担任编辑的职务。校长经亨颐后来也辞职不干。而这所卓立东南，以师资优秀及办学方针正确而闻名全国的春晖中学，改私立为公立，由浙江省教育厅委任范寿康为校长，另聘教师，改换班底，但师资和教学质量就迥非昔比，这是1926年以后的事了。

经亨颐与浙江省立第四中学

董启俊

一、小言

大革命时期，有人称浙江省立第四中学为"小北大"；也有人称经亨颐为"蔡元培第二"。就这两个称呼，也可想见其校其人在教育界中的地位了。

经长四中虽短，考其治校之绩，却斐然可观。今年8月，欣逢经先生就任四中校长六十周年，综其在校始末、治校大要以及影响种种，略述梗概，以作纪念。所苦见闻不广，资料有限，其所记述，难免偏而不周，疏而不精，谬误必多，诸希读者校正。

二、校史述略

今宁波第一中学是一所既古老又年轻的学校。回溯它的校史，源远流长。甲午战后，国势垂危，有识之士以为非变法不足以图强，于是废科举，兴学堂，成为当务之急。宁波得风气之先，1897年（清光绪二十三年），地方士绅乃创建储才学堂于湖西崇教废寺（原址今改偃月街小学）。嗣后校名屡易，改称为宁波府中学堂、浙江省立第四中学，1923年9月中、师合并（宁波府师范学堂创始于1905年，后改为省立第四师范；是年秋，奉省令归并于第四中学）。1933年8月又改名为浙江省立宁波中学。1949年5月，宁波解放，6月9日，宁波军管会接管。1954年5月，始易今名宁波第一中学。

在漫长岁月中，宁波一中曾为祖国培育出大量革命、科技、教育、文艺、工商等各方面优秀人才，对宁波影响极深。它可说是宁波新文化运动、革命的摇篮，闪烁着炫人的光芒。

三、经亨颐略历

回顾宁波一中的进展历程，不是平坦的。60年前，它原来是个封建堡垒，学校精神面貌萎靡不振。1923年8月，经亨颐来当第四中学校长，学校面貌始焕然一新。

经亨颐字子渊，晚号颐渊，浙江上虞驿亭人。他是一位民主主义教育家，具有远见的政治家，也是一位富有才华的金石书画家。清末，日本东京高等师范理科毕业。回国后，曾任北京女师大教务长。在浙江第一师范最久，先后任教务长、校长达13年，并任浙江省教育会会长多年。秉性耿介，锐于进取，敏于接受新事物，为"五四"时期浙江新文化运动的重要人物。在他领导下，一师人才辈出，成为浙江新文化运动发祥地。由于他思想进步，为杭州官绅所不容（一师学生施存统撰文倡"非孝"，祖护之，一时舆论鼎沸，杭垣官绅目之为异端），1920年，校长终被撤职，息影乡里，敦劝上虞富绅陈春澜斥资兴办春晖中学，由经擘画，1922年12月，学校建成，即以经为校长。1923年8月，教育厅委任他为第四中学校长，自此一身而兼任两校校长，奔走于两校之间，不辞劳瘁，虽然重任在肩，仍乐而不改其志。尝曰："春晖有'山间明月'之美，四中有'江上清风'之胜，吾一身具两地之秀，则又何苦之有？"

经来长四中之前，前任校长为王祥辉，王浙江东阳人。宁波士绅素重地方观念，王本不配做四中校长，只因他是宁波镇守使王桂林的侄子，凭了这一札硬的靠山，才登上了校长位置。但是王祥辉不学无术，又无办学经验，不孚众望，终遭学生反对而下台。教育厅以为四中学生不好对付，又以经在浙江教育界具有崇高的威望，于是委他为校长。经接长之初，正碰上学制改革，中师合并，他的职责更繁重了。

四、经的教育理想及兴革

经氏办学，原基于他的一套教育理想，姜丹书在《我所知道的经亨颐》一文（载《浙江文史资料选辑》第四辑）称："经校长之办学精神，主要倡导'人格教育'……对学生因材施教，重视其个性发展，辅导其'自动、自由、自治、自律'，不加硬性拘束。对用人行政，知人善用，唯贤唯能，绝不用私人，更不假借职权以肥私。因此，学生皆能勤奋自励，教职员皆能忠其所事，久于其职，视学生如家人子弟，视教务如家务，故能在其领导下精诚团结，打成一片。对课程主张全面发展，自文学、艺术、科学、教育以及体育，无不注重。"他的教育主张，常发布于《四中之半月》校刊中。他办学校，因不为个人谋私利，唯以培养青年为职志，所以他视学生如子弟，学生视他如父母，深得全校师生的爱戴。

经一到任，就根据自己办学的理想与经验，以最大的决心与魄力，对学校进行一番彻底的改革。

用人唯贤 过去四中，在人事上，地方色彩极为浓厚，外地人不得染指。上自校长，下至教职员工，甬籍人士占绝对多数。就1918年来说，全校教职员31人，其中甬籍竟达29人。就师资说，多科举出身，虽不乏满腹经纶，但思想多封建保守。靠着亲朋援引，滥竽充数的不在少数。经一到校，任用教师，首先破除门户之见，认为教育应适应时代潮流，最应慎选师资，所聘多思想进步，学有专长，为一时之选，如夏丏尊、朱自清、方光焘、刘延陵、钱南杨、许杰、杜天縻、刘质平、吴梦非、谢似颜、赵廷为、李宗武、郑鹤春、刘叔琴、孙倬人等都深受学生的欢迎。又如汪子望，本是个小学教师，但他思想进步，对教育、对政治具有热情，经就聘为教务助理（任图书馆管理）。对甬籍优秀教师也并不歧视，如聘杨菊庭教英、算，蔡芝卿教地理，施象衡教史地，蔡曾祜教数学，戴轩臣教化学等。

学制改革 经以为学制应符合国情，适应经济基础，不能向人家照抄照搬。他大胆实行学制改革，试行'二、二、二制'，即将中学六年分为三段，前二年为初中，中二年为公共科高中，末二年为分科高中，分科高中设师范、普通两科，而又各分文、理两组。高中课程除必修课外，还开不少选修课，便于因材施教，有利于学生个性发展。

建立规章制度 经氏除建立和健全规章制度外，还注意学生从精神到外表的整饬，规定学生穿制服（以前宁波各校学生都穿便服），制定校徽，圆形，白底红字（"四"字中间加一竖，即成"中"表示四中），佩于左襟，使人耳目一新。

提倡课外活动　经氏对于教育，主张理论与实践相结合，课内与课外相结合，大力提倡课外活动，借以提高学生自觉、自治、自学钻研能力。他经常请校外名人来校演讲（到校演讲者有胡汉民、戴季陶、吴稚晖、恽代英、杨贤江、施存统、陈望道、沈仲九等人）。1923年（也许是1924年）暑期，曾举办白马湖暑期讲习会于春晖中学，欢迎宁属中小学教师听讲，借以补充中小学教师精神养料。主讲者有黄炎培、杨卫玉、夏丏尊、丰子恺、杨贤江等人，印有《白马湖暑期讲习会演讲录》一书行世。组织学生篆刻创作，举行师生篆刻习作展览。开展各项体育竞赛，组织各种学术活动，在他领导影响下，火曜社、雪花社、飞蛾社、社会科学研究会、月湖社等等文艺或政治性种种组织纷纷成立。还鼓励学生参加爱国社会活动，四中学生在"五卅"运动、大革命时期最为活跃，一时成为全市青年运动的先锋。

注意全面发展　过去四中把体育、图画、音乐、劳作等课当作可有可无的点缀课，教这类课的教员多滥竽充数。经氏则聘对这类学科确有专长的人任教，如谢似颜留日攻体育，刘质平、吴梦非长于音乐，即聘以教所长学科。如此，德、智、体、美全面发展，形成前所未有的气象。

编行校刊　为提高学习气氛，沟通师生声气，乃编行校刊《四中之半月》，此刊每半月刊行四开一张，内容生动活泼，丰富多彩，有演说词、论著、文艺、小说、校讯等。

充实图书仪器设备　省款支绌，他发起向各界募款，添购大量书籍，尤竭力增添具有进步意义的书刊，大大扩展了师生的视野。

经来长四中，中国共产党正处于萌芽时期。1921年7月1日，中国共产党诞生。次年（一说1923年），派张秋人同志来宁波发展组织。1923

年经氏到校，聘汪子望来校工作。汪即在这年加入共产主义青年团，次年又加入中国共产党。汪长于宣传，活动能力很强。四中党组织实以他为核心。还有一个党员教师是华林，富阳人，后曾赴莫斯科中山大学学习。国文教师冯三昧，据巴人《回忆录》，说他也是共产党（据说后脱党）。经氏盛倡民主，力主学术自由，对新思想、新文化扶持不遗余力。在他影响下，四中党支部一时成为宁属各支部中阵容最盛、战斗力最强的一个党组织。经长校两年多中，四中党组织发展很快，当时党、团员达数十人，现能回忆的，有裘古怀、华少峰（后改名华岗）、江少怀、吴黎平（又名吴亮平）、李宪仲、沃醒华、干翔青、孙经文、曹声潮、骆湘楼、张其禄、陈鸿、姜冰生、孙鸿湘、谢武鹰、刘昌汉（又名沧海）、谢广祥、陈良义、吴德元、金绍勛、周闪耀、虞一鸣、沙文威（后改名史永）、胡世杰、汪文元、许开儒、张令谦、曹声洪、沈孝绩、江圣棠、陈存世、竺乾栋（后改名竺良牧，又改为竺阳）、陈峣、李恭亭、沐赓祚（后改名沐绍良）等人。

至于早期的四中、四师同志参加党团组织的为数亦颇多，四中的有卓兰芳、陈国咏、周天僇、陈英盛、卓恺泽、江圣逵等；四师的有王仲隅、王任叔（即巴人）兄弟、潘凤涂（后改名潘念之）、冯昌世（后改名冯定）、沙文舒（后改名沙文汉）、蒋本菁、竺清旦、谢传茂、阎式钧（后易名严式轮）等。在许多进步学生中，极个别的在革命紧要关头，经不起革命考验，做了逃兵外，有许多人为中国革命已光荣牺牲，如汪子望、裘古怀、卓恺泽、陈英盛、陈鸿、虞一鸣、李宪仲、卓兰芳、竺清旦、陈良义、吴德元等。

五、新潮澎湃

当时是北洋军阀时代，共产党还是地下党。经氏却不畏强暴，大力支持，让党、团在校内公开活动，学生组织各种学术团体，如飞蛾社、卫社等，在各学习室出墙报；如《惺惺》《春潮》《火曜》《嗷声》等刊物如雨后春笋地出现。校内学术气氛热烈异常，校外却是一片冷冷清清，形成两个不同的世界。

1924 年，列宁逝世，党组织与学校联合，在四中大礼堂举行列宁追悼会。主席台上挂着一副醒目的对联："全人类救主，新世纪元勋"（经任时总务主任张葆灵病危时对我说，这副对联是他撰的）。由于追悼会的召开，扩大了马列主义在群众中的影响。

宁波学校之有"五一"国际劳动节纪念活动，是经亨颐长校时首开风气的。

在大革命之前，四中进步组织很多，1923 年出现"雪花社"，社员以四师老同志居多数，主要社员为王任叔、张孟闻（原名令誉）、潘凤涂、谢传茂、蒋本菁等；四中同学参加者有卢于道、毛信桂、桑镐、忻去伪、忻去邪、教师汪子望等。1925 年下半年雪花社编行《大风》刊物，大力宣传进步思想，抨击地方封建恶势力，给宁波缙绅先生们很大的震动。雪花社阵容，随着形势的发展发生了分化，一部分人如卢于道、张孟闻、毛信桂、忻去伪、忻去邪等以后钻研科学，走专家的道路；另一部分人如汪子望、王任叔、蒋本菁、潘凤涂等走无产阶级革命的道路。

"火曜社"约建于 1924—1925 年之间，大概是四中共产主义青年团的别名，经常举行火曜讲演会，曾请校外进步名流如恽代英、陈望道、沈仲九等来校演讲。在雪花社编行《大风》之前，该社曾编行过《火曜》《焰星》两刊（桑洛卿在《语丝》51期、1925年11月2日出版的《乡谈》一文中将《火曜》《炤星》并称，可能是火曜社出版的姐妹刊）。该年八九月间，宁波士绅掀起反经运动，揭发经"罪状"说："四中教员、学生在外发出《火曜》《炤声》等刊物，经某不加禁止。"（见1925年四中学生编行的《甬江枪声》）《炤星》《嗷声》音近，也许就是同一种刊物。《火曜》一般人称它为宁波共青团第一份团刊。四中学生又编过一种《玫瑰》刊物，既宣传马列主义，又揭发地方士绅罪恶。

四中学生还组织"宁波社会科学研究会"，出版过《社会科学的研究》的小册子，写文章的有姜冰生、华少峰、孙经文、干翔青、沃醒华、曹声潮、李宪仲等人。所载的文章除分析国内外形势，介绍马列主义一般理论（如阶级斗争、剩余价值、价格及利润等）外，并介绍马列主义入门书刊。

以上四中学生所编行的各种书刊，在中国共产党初期对宣传马列主义、反帝、反封建，提高青年学生觉醒，起过积极的作用。

地方士绅斥经："自经某到校以来，校内学生组织团体三十余种之多。"（见《甬江枪声》）敌人反对的，正是我们拥护的，学生组织团体之多，不足为罪，这正可看出当时四中学生思想活跃、朝气蓬勃的景象。

当时《新青年》《响导》《中国青年》等刊物，以及《共产党宣言》、布哈林的《共产主义ABC》《响导丛书》《中国关税问题》《不平等条约》《反基督教运动》以及其他上海书店出版的大量马列主义书刊都涌进四中。这类书刊在师生中广泛流传，相互推荐，分送友好，作为最好的课外读物。

四中学生在五四运动中已露头角，在宣传和抵制日货两方面干得十分出色。到了五卅运动前后，经过党的培养教育以及在斗争实践中获得锻炼，把四中学生锻炼得更坚强，一时成为宁波共产主义的堡垒，宁波学生运动的重心。

宁波之有学生联合会，发轫于五四运动。到了五卅时期，有了更进一步的发展。1925 年，"五卅"惨案一发生，宁波各中等学校迅即主动组织宁波学生联合会，加入的有四中本部、四中分部（即四中初中部，校址在湖西虹桥头四师旧址）、启明、效实、工校、商校、四明、女师（后称女中）、甬江、崇德、圣模、斐迪，其后参加的尚有民强中学和中山公学。四中在宁波学生界中威信素著，本应由四中任学联会会长，但因右翼势力反对，认为四中"赤化"色彩浓厚，有危险，经过激烈斗争，提出折中办法，即推四明王安卿为正会长，四中裘古怀为副会长。尽管如此，但学联会实权握在四中之手。四中本部和分部各派代表，如开动表决机器，一个学校就拥有两票表决权。

四中出过不少学生运动的领袖，前以裘古怀，后以陈鸿最为杰出。裘于 1926 年上半年与虞一鸣同学同赴广州黄埔军官学校学习。裘离去后，陈鸿即成为主要领导人。陈鸿工作是多方面的，除学运外，还大力投入工人运动，在江东区办过工人夜校；并在和丰纱厂领导工人组织工会，与工人水乳交融。每次群众大会，上街游行，他总担任领队，并领呼口号，往往喊得力竭声嘶。四中党团活动，对外接触频繁，上海大学学生贺威圣（共产党员，象山人）更经常到四中来联系工作。在教师中该推汪子望，四中党团活动的发展是和他有分不开的关系。汪子望是在党的教育下，和经亨颐的提携下成长起来的。汪原名庸泉，字子望，浙江龙游人。他到宁波是宁波开明士绅张葆灵带他出来的。他到宁波，人地生疏，张为他介绍到鄞南云龙碶小学（为张氏家族所办）当教师。经亨颐任四中校长，聘张葆灵为总务主任，张又介绍汪子望给经，经见其诚朴好学，刻苦自励，知是个有作为的青年，就任他为教务助理。他在实际工作中，接触了大量新文化、新思想，使他认识提高。在四中时期，他除加入团、党之外，又参加了《雪花社》《火曜社》等进步组织。他长于撰文，文笔犀利，在当时宁波各种进步刊物如《宁波评论》《火曜》《大风》等常有他的文章（常更换笔名）。后经亨颐离开四中，1926年下半年，夏超在浙江宣布独立失败，革命形势逆转，汪就奔赴武汉。当时宁波商人在汉组织了个宁波旅汉同乡会，由该会办了个旅汉公学，所聘教师多为宁籍的党、团中人，旅汉公学一时成为汉口党团活动的一个中心。汪与该校旧友谢传茂等共事。1926年10月北伐军攻下武汉，他被任为汉阳兵工厂军代表。1928年8月被捕牺牲，由宁波旅汉同乡会出面收殓，再由雪花社社员张孟闻与其他旅汉社员请同乡会托四明公所将汪的灵柩运沪转甬，再运上虞白马湖，经亨颐、张孟闻笃念旧谊，重其为人，乃葬汪的灵柩于白马湖西徐岙右边山岙，经并题墓碑曰："龙游汪君子望之墓"，以寄哀思。

经是国民党左派，对于孙中山先生三大政策——联俄、联共、扶助农工——确是身体力行的。1927年8月1日，中共中央发表《八一宣言》时，他与宋庆龄、何香凝、柳亚子等率先响应，影响巨大。其后，他虽身居国府委员，但与国民党貌合神离。晚年与何香凝、陈树人共息影于上虞白马湖，共作松竹梅岁寒三友图以明志。

经亨颐领导下的四中，生气勃勃，有志趋向进步的背年，往往不远数百里来到四中读书。当时四中学生来自诸暨、东阳、义乌、浦江、新昌、嵊县、宁海等地的很多，而奉化、象山籍的更占多数。

六、反经与拥经

在经校长领导下，四中校内热气腾腾，充溢着革命的气氛。可是校外是个怎样的世界呢？桑洛卿（即桑镐）在《乡谈》一文中形象地刻画出当时宁波的社会面貌："阿拉宁波人是顶怕'赤化'这些名词，正如十几年前怕革命党一样。他们有时对于关帝也会吃惊，因为他的面孔是'赤'化——可是现在一般前进青年偏会不争气，而喜欢谈社会科学，主张阶级革命，他们出了如《火曜》《嗷声》等周刊。偏偏要象征'赤'字，而大加抨击黑暗的缙绅先生们。又如他们的署名，什么朱同、火星、赤枫等都是以吓死缙绅先生而有余。"缙绅先生们看到四中白底红字的校徽也大有反感，说："四中学生不仅头脑赤化，连校徽也赤化了。"

进步势力如怒涛汹涌滚滚而来，谁也不能阻挡，宁波的缙绅先生们怎不视经为洪水猛兽而惴惴不安呢？

四中、四师从创校以来，校长多由本地人充当，而教职员也多清一色聘用宁波人。经是外地人，秉性刚直，不肯向缙绅先生们低首听命，介绍来的人员都要量才录用。这不仅对绅士们面子过不去，而且被认为是利权外溢。

1923 年 8 月，经赴四中上任，适逢中、师合并。这一合并，竟亦成为日后反经潜伏因素之一。四师学生既归并于四中，而对四师教师无法收容，四师教师的饭碗被打破了。中师合并，原来是奉令执行，经氏不负干系，宁波士绅不察，认为这是经搞出来的花样。宁波士绅原把四中、四师作为自家的私产。现在四师关门了，而四中因慎选师资又进不去。于是就迁怒于经，恨之入骨，就与国家主义派互相勾结，诬陷经提倡共产、公妻，说什么："在'五卅'运动中，经某首先主张罢课，便使全埠学潮不可收拾。"又污蔑经："纵容学生，管理废弛，学生败坏道德，不守校规，行动不规"等等。(见《甬江枪声》)他们以《四明日报》《时事公报》为宣传阵地，对经来一个总攻击。

首先向经开第一炮的是洪樵舲，洪系储才学堂出身，在四中执教多年，放浪好酒，有狂生之称，旧学颇有根底；但思想保守。1924年5月，他对商校师生演说，公开斥经提倡"共产、公妻，是赤化分子，是洪水猛兽"，最后说："什么马克思、牛克思，阿拉宁波人什么都不要。"从此宁波社会上经常出现反经叫嚣。只因1925年"五卅"运动发生，枪口一致对外，反经之声暂行沉默。及"五卅"运动告一段落，反动势力重新抬头。该年8月起，反经运动就死灰复燃。

反经一经揭开，就激怒了四中全校师生。在党支部领导下，掀起了轰轰烈烈的拥经运动。为扩大声势，粉碎反动势力的阴谋诡计，并为表示拥经的决心，学生就编行《甬江枪声》不定期刊(四开一张)。在1925年8月26日出版的第一期中载有《浙江省立第四中学全校学生郑重宣言》，开头就说："经子渊先生是我们理想的校长，所以我们全校同学始终信仰他，始终不愿意他和我们相离。不料宁波现在竟有少数好事的缙绅们，故意捏造许多谣言，以谋破坏本校前途之发展。这些无稽的谰言，本无一顾之价值，可是为清醒社会的视听，及表白本校之真相计，不得不郑重宣言，以告大众。"在《第三次宣言》(见《甬江枪声》第二期，同年9月3日发行)中学生表示强烈决心说："除经先生为我们的校长以外，无论什么人，我们誓必拒绝！"言辞激烈，也可见学生对经的爱戴。

宁波士绅通过《四明日报》《时事公报》(尤其是《四明日报》是他们御用的喉舌)对经横肆污蔑，罗列种种莫须有的"罪状"。《甬江枪声》对各种谬论，一一予以驳斥，并呼吁各界支援。在该刊就登了启事："我们为了自身的事业计，为浙江省教育的前途计，为欲实现我们应做的头步工作——为内除国贼计，已与宁波的破靴党（即土劣）血战了！诸君观战之余，如能同情于我们的，请踊跃参加我们战阵，以浓厚我们的战斗力，这是我们最盼切最盼慰的！"为争取群众，学生们甚至跑到江北岸鼓舞台（剧院）把《甬江枪声》散发给群众。正义在学生方面，反动势力孤立了。

教职员和学生团结战斗在一起。土豪劣绅向教育厅控告，历数经的"罪行"，要求把经撤职。教职员激于义愤，几次打电报给教育厅，恳切挽经，并表示愿与经同进退。学生还派代表到厅挽经。教育厅长计宗型是经的老友，深悉经的为人，对于拒经与拥经，觉得进退两难。学生挽经，虽态度坚决，然总敌不过土豪劣绅的恶势力。考虑到经是浙江教育界的前辈，威望素著，教育厅为顾全他的面子，不敢公然把他撤职。然在地方势力压力下，又非叫经走不可，于是想出一个好主意，教育厅用 1500 元为钓饵，派经赴日本考察教育，拟给经一个体面的下台。

这明明是一场驱经阴谋。经是有骨气的，拒不接受。学生热情高涨，更誓死反对。相持不下，形成僵局。教育厅认为经的去职是肯定的，所成问题的是经去后的接班问题。如果能物色到一位各方都能接受的人选，这场风波不难平息。

其后教育厅与宁波士绅都看中了当时正在宁波养病的范承祜。范出身于宁波科甲世家，字均之，为人规行矩步，有古君子风，故人常以"范君子"呼之。毕业于日本东京高等师范理科，在高师与经同学，称为莫逆。民初任浙江都督府教育科长，其后又任过第四中学和第四师范校长。学行俱优，且有办学经验，颇为乡里所重。至于他的政治态度，不像经的左倾，也不像国家主义派和地方某些士绅的右倾，而是一个不党不偏的"中间人物"。范体弱多病，原无意担当这个不好担当的角色。只以地方士绅敦劝，又取得教育厅同意，才暂允来做个缓冲人物。经亨颐素知他的为人，也不表反对。至于拨款赴日考察教育一节，经严词拒绝后也就此愤而去职。

经虽去职，但学生坚决不答应，仍在学校未走。1925 年 9 月，由住校代表 34 人推选裘古怀、李宪仲、邵性陛、吴雄、沙文威、张令谦、周和卿等八人为校长问题委员会成员，以裘古怀为主席，李宪仲为文书，继续开展拥经斗争。但缙绅先生们勾结宁波防守司令段承泽下了毒手，把四中解散了。

经于 1923 年 8 月长校，至 1925 年 10 月去职的两年多时间，可说是四中前所未有的黄金时代。

他虽离开四中，但始终未忘情于四中。1927 年 10 月 27 日，还在"四一二"大屠杀之后不久，他关心四中学生的安危，特到四中，在大礼堂做演讲，题为《学生的责任》，这充分表达了他对四中学生的深厚感情。

驱经与拥经，绝不是一场普通的学潮，实质上是一场进步力量与反动势力的斗争，也就是教育战线上的阶级斗争。

七、狂风暴雨下继续前进

拥经失败，宁波就出现了满天黑云，北洋军阀对四中加强压力，而四中的党、团势力又失去了经氏的重要支柱，在内外不利的处境下，四中的党团员就往外找出路：一路西进到武汉，以汉口的旅汉公学作为据点。汪子望、谢传茂等先后在此任教，一时成为汉口党活动的一个中心。他们编行刊物，传播进步思想。另一部分同学则南进，当时国共合作，裘古怀、虞一鸣等人就去广州黄埔军官学校学习；金绍勋去广州农民运动讲习所学习；一部分人去上海。其最大部分仍留在宁波，不过此后工作开展更为艰苦了。

虽然在艰苦环境下，党仍领导学习，在1926年秘密出版一种《春草》的刊物（32开，四面），继续向反动势力开火。刊首有"开场白"，以革命乐观主义精神，向反动势力示威说："野火烧不尽，春风吹又生，哈哈，我们又来了！"

通过拥经运动，使同学们的认识有进一步的提高，受了一次深刻的教育。《春草》载有少城作的《四中解散告宁波青年》一文，此文最后部分说："在社会未改造之前，他们是不会得到局部崩颓的啊！觉醒的青年们，我们要保障自己的自由，要谋自己的利益，只有自己组织起来，参加到革命的旗帜下，把资本主义的社会破坏一个净尽，帝国主义的宝座打得一个粉碎，重新创造起一个新世界，那时才没有压迫我们的，更没有反动的教员来损害我们，而我们青年乃有坚固的保障，充分的自由了！"又说："宁波的朋友们！我们要放大眼光，认清自己道路，联合自己的朋友，被压迫的民众，高举革命旗帜，踏上解放大道，并求要彻底解放的观点，来决定眼前的策略。"这个论点，已把拥经运动超乎教育问题之上，作为一个改造社会制度问题了。

范承祐权充校长，体弱多病，又因四中学生不好对付，所以无久居意，待秩序稳定，另让贤能。省方和地方士绅也有这个意图。他仅当了两个月（1925年11月至次年1月）有名无实的校长，便悄然离去了。

北洋军阀孙传芳统治时期，宁波共产党人编行《宁波评论》《火曜》等刊，国家主义派则编行《爱国青年》半月刊（爱国青年社编，始刊于1925年"五卅"惨案发生时），还有《四明日报》也是国家主义派的喉舌。

其时共产党曾派施存统（后改名施复亮）、梅申龙（后改名梅龚彬）到宁波来宣传马列主义（曾在县学明伦堂即今第一医院所在地）演讲。国家主义派亦不甘示弱，为想在宁波建立据点，乃派陈启天、张之柱两员大将作为先遣队来宁波宣传国家主义，以图扩大影响。攫取效实中学为他们的据点之后，意犹未足，还想夺取四中作为另一阵地，以便其在宁波教育界造成独霸的局面。（1925年12月13日陈、张二人到效实演讲，陈的讲题是《国家主义》，张的讲题是《世界新潮》）。次年一月，范承祜下台，国家主义派陈世觉由宁波士绅捧场，就在四中袍笏登场了。陈字悟皆，浙江嵊县人，法国巴黎大学理科硕士。回国后，任东南大学教授，不惜放弃大学教授美职，于1926年2月来宁波"屈就"四中校长。他带来的班底，不是国家主义派，就是他的亲信。经任的进步教师一个也不留。陈既到校履新，自知不得人心，在开学之先，就订定许多清规戒律，以便约束学生行动。3月9日下午，召开第一次教务会议，订定学生无故旷课至十五节以上者除名，并严格规定请假及出入制度种种。

3月13日上午9时，陈兴冲冲地踏上四中大礼堂讲台举行就职典礼并开学式。陈向全校师生发言污蔑经校长并压制学生爱国运动，说什么"学生应具有独立不拔的精神，不能随和奸人倡导共产邪说"，"学生应读书不忘救国，救国不忘读书"，"读书是救国的准备，读好书才能救国"，"学生学业未就，认识不清，妄谈政治，往往被人利用"。陈的话音刚落，不料有一个瘦长个儿戴银丝边眼镜叫吴谦的学生不慌不忙地跑上讲台，对陈的发言严加驳斥，他说："所谓'读书不忘救国，救国不忘读书'，说起来好听，名为救国，实际上是反对救国。现在国势垂危，救亡图存，刻不容缓。如果待学成救国，到那时，恐怕国家早已亡了。你叫我们安分读书，我们还耐得住吗？你的话别有用心，我们就反对你的主张！"

陈的第一炮就失灵了，直把陈气得目瞪口呆。为挽救面子，待吴讲毕，就气喘喘地重上讲台，说："谁反对我的意见？反对的可站起来！"他把四中学生估计错了，他把学生看作驯羊，认为自己是留法硕士，做过大学教授，又是当今堂堂中学校长，谁敢会触犯他的尊严，敢起来说一个"不"？四中学生为革命，连杀头坐牢也不怕，何论陈的虚声恫吓呢？陈面对全体同学，看看群众的动向。团员起带头作用，最先站起来反对的是沙文威、胡世杰、张令谦，其后起立的越来越多，几乎全体起立了。事情闹得无法收场，只得草草宣布散会。

陈为杀一儆百，即日上午召开全体教职员临时会议，决定开除吴谦，并宣布其"罪状"。

此后反陈浪潮此起彼伏，陈认为有"整饬校风"之必要，5月23日又召开全体教职员临时会议，议决两项事项："一、学生沙文威无故旷课至十五小时以上，照章除名。二、处理学生闹饭堂，责令闹事者悔过，否则除名。"沙文威的旷课是事实，但说他是"无故"旷课却是冤枉。他是共青团员，经常赴外为革命而奔忙，原不足为怪的。只因他革命热情高，群众中有威信，大力反对校方反动措施，所以陈视他为眼中钉，就抓住"无故旷课"为"法制"根据，把他"照章除名"，借此来推卸自己罪责。

陈到校后厉行高压手段，学生就经常闹饭堂，掷碗盏，作为抗议示威的手段。闹饭堂原为泄愤，现在校方又横加压抑，更促使学生对陈的不满。1926年"五一"国际劳动节，学生在团支部领导下，根据前两年的向例，又要对外展开宣传活动。那天上午，为首的张令谦不听校方劝阻，自由敲钟集合大批学生，冲出校门。时陈因公在杭未归，及返校闻讯大为震怒。但因众怒难犯，又知张令谦是士绅张葆灵的儿子，感到不能处之过激。为顾全面子，就装模作样地对张令谦及学生代表等训斥一顿，并说

"这次从宽处分，以后如再有越轨行动，即行开除"，以相威胁。

四中团支部为纪念"五卅"惨案一周年，以四中学生会名义发行一种《五卅特刊》，校方认为此刊措辞"失当"，侦悉负编辑之责者即前次擅鸣校钟留校察看的张令谦，陈召张"训话"，告以此刊不必在校外散发。张未从。陈又告以不应用学生会名义，张又不从。陈姑隐忍，迨30日上午全校学生在大礼堂开"五卅"纪念会，陈即在会上严斥张"举措越轨，屡教不改"。不料张严词抗辩，而且学生们多起而响应，纷纷退出会场。当日下午，陈又召开全体教职员会议，决定开除张令谦学籍。

在陈当校长的一年里（1926年），学生被开除、暗退（即校方利用假期暗中开除）或"提前毕业""自动离校"的将近一百人。有压迫，必有斗争。同学对陈斗争一年之中始终没有停止过。

1926年7月9日北伐开始，浙江省省长夏超宣布独立失败。在革命迅速发展、人心浮动的情况下，反动势力犹图最后挣扎。四中既是宁波党的重要据点，军阀哪肯轻易放过。所谓五省联军总司令孙传芳的重要爪牙段承泽（孙部驻宁波团长），窜到四中大礼堂向全体学生训话，说"学生只许安分读书，不许有越轨言行，否则执法不贷"。段来校时，带着武装卫队，如临大敌。据说段来校训话是陈请来的，意欲狐假虎威，对学生施加武力压制。学生们更怒不可遏，在党团的正确领导下，冲破重重难关，一个排山倒海的反陈斗争便在这年冬展开了。

斗争的导火线是一个姓金的学生被开除学籍，同学们认为无理，奋起声援。这一段斗争史实，据戴行镐同志回忆：一天晚上，全体同学援金开会，议决找陈说理，陈胆怯闻讯抢先一步溜走了。许多同学赶到江北岸交通旅馆找到了陈。他在当时汹涌的情势下，无可奈何承认错误，并用书面表示辞职。同学回校，宣布斗争胜利，并再召开大会，组织一个护校委员会，维持学校秩序。谁知陈世觉竟用金蝉脱壳之计，悄悄奔赴杭州，向教育厅哭诉。他从教育厅邀来一位科长或视学，此人以教育厅名义，在四中分部召开一个教师及学生代表谈话会，说是听取大家的意见，而没有触及陈的辞职问题。学生愤怒万分，斗争越演越烈。当时北伐形势紧迫，段承泽对四中学生有戒心，就把四中解散。接下来就是各级学生代表十余人被学校开除，计有谢广祥、张其禄、谢武鹰、贺德骝、吴德元、汪文元、沈孝绩、江圣棠、戴行镐、竺乾栋、沐赓祚等。直至1927年3月，在国共合作下，北伐军到了宁波，学校才启封。

这年3月，刘祖征来任校长。刘字叔琴，镇海人，第四中学毕业后，曾留学日本。经亨颐任校长时当过教师。刘精研社会科学，思想进步，著述甚富。他任校长，其办学作风，可说是经的继续。经时代的师生，又纷至沓来，学生如沙文威、张令谦等都又回校。教师重来的有夏丏尊、朱自清、方光焘等，新聘的有丰子恺、夏承焘、孙伯刚、许文玉、王任叔等。学校面貌焕然一新，大有中兴气象。

当时宁波市内，总工会（在江北岸引仙桥）、农会（在三弯弄）、学联会（在后乐园，即今之中山公园）等革命组织都如雨后春笋般地建立起来。各行各业都有自己的工会，以店员工会最为活跃。在各革命组织中，四中学生常在其中担任领导或组织工作，整个宁波处在革命怒潮之中。

在革命关键时刻，国民党公开叛变，1927年4月12日，在上海开始"四一二"大屠杀。宁波也笼罩在白色恐怖中。先是反动派派人向革命堡垒市总工会放火，却倒咬一口，说是"共产党纵火，捣乱宁波秩乱，图谋不轨"。于是滥捕共产党人及"嫌疑分子"。宁波民国日报社社长兼国民党市党部商民部长庄禹梅也被扣。共产党人不知是国民党反动派的阴谋诡计，就由国民党宁波市党委杨眉山、总工会会长王鲲、宁波士绅张申之、名律师忻汰僧等人去见宁波警备司令王俊，要求释放被捕人员。不料杨、王二人被指为共产党头头，也遭扣留。原来几天前《宁波民国日报》上刊登过一篇抨击王俊的文章，王即以庄言论"反动""扰乱治安，有共产党嫌疑"，予以扣留。后经查明庄非共产党人，始获保释。

一切革命组织被解散，工人武装纠察队被缴械（工人纠察队并无枪刀，而以木棍为武器，红色臂章为标记），禁开群众大会，并禁止示威游行。

由于宁波是浙江共产党的一个重要据点，所以国民党就派第一号刽子手陈群、杨虎为"清党特派员"亲临宁波前来镇压。6月20日外，陈、杨到甬，首先在战船街大舞台召开群众大会，宣布共产党种种"罪状"，就此揭开了宁波大屠杀，把杨眉山、王鲲杀害于小教场；24日枪杀胡蕉琴（女，镇海县委书记，小学教师）、甘汉光（印刷工人）、陈良义、吴德元四人于府后山（今建为军分区）。陈、吴二人是象山人，皆为当时第四中学高中师范科的学生。吴在校内时搞活动外，于1926年5月与裘学潮同学等主办平民学校，借教育的手段，向群众灌输马列主义，并发展组织。陈良义长于写作，喜填词，善搞宣传工作。

当时四中分部国文教师王任叔同遭逮捕，他教我们初中二年级国文，24日那天我目击他坐在人力车上，被押进到府前道尹公署（据说当时"清党"办公处即设在此）。据说他原亦决定在被害之列，经奉化耆绅庄崧甫保释，幸免于难。

这次，四中又遭封闭。中山公学（在鼓楼前鼎新街，原是启明女中——在丝户巷——停办后之化身）为共产党员杨眉山、石愈白等所主办，也是党的一个据点，也同遭封闭。

是年7月，学校启封，改委象山人励乃骥为校长。励对学生大加压抑。

同年 11 月 24 日，国民党宁波市党部率大批警察在半夜里潜入四中学生校舍，大捕共青团员学生，因事起仓促，同学未做防范，计先后被捕的有曹声洪、谢广祥、李恭亭、陈峣等七人。闻风越墙者计有陈存世、沙文威等八人。被捕者解送杭州陆军监狱。至于未被捕而有"赤化嫌疑"者都遭开除，或逼令悔过自新。

此后党的活动转入地下，斗争方向由城市转入农村。老同学卓兰芳（奉化松岙人，原任小学教师）在大革命失败后领导过农民运动，想在奉化农村建立个浙东革命根据地，组织松岙、莼湖一带农民、渔民发动过轰轰烈烈的"莼湖暴动"，由于当时历史条件尚未成熟，主客观力量悬殊，卒告失败。

八、回顾与前瞻

四中以及四中学生，在中国革命史上，尤其在大革命前后，有大批学生，为挽救民族危机，争取劳动人民获得解放，不惜抛头颅、洒热血，以自己宝贵的生命，建立了许多光辉的业绩。这些英雄人物纷纷出现，绝非偶然的。第一，由于党的正确领导。在初期，党中央对宁波就极重视，派到宁波来的多是党的重要骨干，如陈望道、施存统、张秋人、恽代英、赵世炎等都到宁波来做过发展、宣传、指导工作。在他们的指导下，就培育了一支钢铁队伍。第二，由于经亨颐及全体教师的辛勤教育，领导有方。第三，由于学生的阶级基础好，阶级觉悟较高。四中、四师学生多来自农村尤其多来自奉化、象山山乡，不少学生出生于贫下中农家庭，他们深知民间疾苦，所以有一种朴素的阶级感情，能公而忘私，推己及人，形成救国救民以至解放全人类的抱负。我们应继往开来，向老一辈进步同学学习，以顽强的战斗精神来搞好学习，接好革命的班！

教育改革的先驱

——记经亨颐校长二三事

余天虹

　　浙江省立四中，原是 1923 年 8 月由宁波府中学堂和宁波师范学堂在经亨颐任校长时合并而成，为宁波第一中学前身。由于公立学校收费低廉，清寒学生多，他们在半封建半殖民地的中国，最易接受独立、自由、民主的新思想。五四爱国运动爆发，四中学生立即组织"殖群社"，联合宁波 13 所学校成立"学联"，声援北京学生爱国行动，抵制日货，赶走顽固派校长，学潮闻名全省。

　　1923 年，党的特派员张秋人（原崇信中学学生，1924 年改为四明中学）从上海回甬，找同学、老师、朋友筹建党，于 1924 年经上海江浙区委批准建立。其中四中和四师人数最多，如卓恺泽（后任北京团委书记、中央特派员）、卓兰芳（后任浙江省委书记）、冯定、王任叔、潘念之（团宁波地委书记）等共 10 多人，使四中成为浙东反帝反封建的中心。省教育厅为了稳住这所浙东著名学校，选择最有名望的教育家，金石书画家，新文化运动的主要人物，原一师校长经亨颐先生出任四中校长，以缓和四中的学潮。

1923 年 8 月，经抵校，受到全校师生热烈欢迎。而顽固派咆哮如雷："阿拉宁波人，什么马牛克斯都不要，要的是阿拉宁波人！"这批发霉的遗老遗少高喊复古，勾结军阀、帮派，一开始就"反经"。原有 30 多名教职员，宁波人占绝对多数，又是科举出身。面对这一恶势力，经校长毫不留情地予以改革。任人唯贤唯能，聘请社会名流，如夏丏尊、朱自清、丰子恺、刘质平和华林（原一师学生留苏回国，1925 年任中共宁波地委书记）等任教。同时还有两名学生追随校长来四中——李宪仲（后任武汉国民日报编辑被汪精卫杀害）、华岗。

经氏接事一个月就调整学校布局，将省立四师并入四中，原四师校舍作为初中部。9 月 11 日召开庆祝大会，这一天就定为校庆纪念日。会上提出新的教育目标：培养时代的新人才，必须进行德、智、体、美教育。着力建设图书、仪器、音乐、美术、劳作五室，奠下了四中成为新型学校的基础。为了尽快培养大批建设人才，按国情大刀阔斧地改革学制，将高初中三三制改为初中二年、公共高中二年、分科高中二年。选编进步的，有用的，现代的科学文化知识作为教材，受到社会和学生的欢迎。

为了培养国家有用之才，经校长对学生进行人格教育，与夏丏尊先生《爱的教育》，相辅相成，起到特殊的教育效果。他指出："人格表现于自动、自由、自治、自律的精神。"要求学生做主人，不要做奴才。先生既严肃，又慈祥，他的言行使师生深为感动，因此他们无不听从先生，以先生为榜样。

为了提高学生的素质，开阔视野，扩大思想境界，经校长亲自邀请社会名人来校演讲，帮助学生树立理想。1924 年 1 月胡汉民讲《革命与主义》；3 月戴季陶讲《回教民族的觉悟与中国的将来》；5 月吴稚晖讲《国音教学问题》；6 月舒新城讲《民族自觉与教育》；恽代英讲《青年学生当前的任务是学习马列主义的真理，开辟革命道路为被压迫的劳苦大众求解放》。学生大开了眼界，提高了觉悟，树立了理想（胡、戴、吴的言论当初都拥护孙中山先生的国民议会主张，后成为国民党的右派）。

1924 年四中的 CP、CY，发展很快（现已查明的有 32 人，其中许多是党的优秀儿女），1921 年 7 月成立的"雪花社"（原称血花社）发展成为"火曜社"，出版"火曜"周刊（1925 年 10 月遭查封）、《大风》《惺惺》《青潮》《宁波评论》等刊物。1924 年五一节，在经校长主持下，全校集会纪念国际劳动节，在宁波开创了先例。这些革命火种和成果，都是在经亨颐校长的支持和培养下取得的。四中被誉为浙东革命的摇篮，实是经先生的重大贡献。当时宁波豪绅指经"赤化学生"，先生毫不犹豫地回答："他们确实在赤化了，都是好学生。"

1925 年 1 月 21 日列宁逝世，经校长立即举行追悼大会，并主持报告"列宁的生平和伟大的功绩"，号召师生学习列宁的精神。自此以后，《新青年》《向导》《中国青年》《共产党宣言》《共产主义 ABC》涌进四中，因此触动了顽固派的神经，他们打出"驱经讨赤"破旗。师生们无比愤怒，继而五卅惨案的怒火，燃烧了学生的心胸，他们热血沸腾，纷纷走向社会，高举反帝反封建旗帜，捣毁与英帝勾结的葆山牛肉庄，成为宁波斗争的急先锋。顽固派与帝国主义分子非常害怕，更仇视经校长。6 月，军阀孙传芳下令撤经亨颐校长职。全校师生奋起"挽经"，省教育厅不敢宣布命令，驱经的土豪劣绅利用暑假，通过国家主义分子控制的《四明日报》《时事公报》，对经横加污蔑。驱经的逆流迫使学生反击，编印《雨江枪声》，第一期刊出《浙江省立第四中学全体师生郑重宣言》，开头便宣称："经子渊先生是我们理想的校长，所以我们全体同学始终信仰他，始终不愿他和我们分离。"并多次电教育厅挽留，并表示同进退。教育厅无奈，施出两全之计，给经 1500 银圆赴日考察教育，遭经断然拒绝。10 月经校长愤然离校。但拥经斗争仍未停息，学生组织"校长问题委员会"继续斗争。宁波防守司令强行解散四中。在这一不利形势下，根据斗争的需要，党指示部分学生转移。一路西进汉口，以旅汉口公学为据点；一路南下黄埔军校、农民运动讲习所；一路北上南京、上海搞青运、工运；部分去莫斯科中山大学学习；大部分留在宁波坚持地下斗争。

革命的火种熊熊燃烧祖国大地，文明之花遍植大江南北，经子渊先生在四中的功绩永远不会磨灭！

经亨颐先生在宁波

钱念文

经亨颐先生是春晖中学的创办人。经先生给我第一次深刻的印象，是在抗日战争前，正当国民党政府积极推行"攘外必先安内"的政策时期。他是国民党的元老，当时兼任春晖中学校长，常居于面湖背山的小筑"长松山房"，和夏丏尊、何香凝等为邻，和莘莘学子为伴，使我有幸得睹风采，获聆教诲。后来每当想及经先生的这一行径本身，对照当时的政治形势，确使人感到他宛如长松山房里栽植的两棵高大的青松那样，有经严寒而挺然屹立的风骨，也酷似白马湖中生长的荷花一般，具有出污泥而不染的韵姿。这种为人师表的品质，给我们一群风华正茂的青少年的成长，真是起了难以估量的榜样作用。

1923 年 8 月到 1925 年 10 月，经先生出长浙江省立第四中学（解放时为省立宁波中学，现即宁波一中），先后历时只不过两年零两个月，但在今天宁波一中的校史上已谱写上光辉的一页，对宁波教育界、思想界的影响也是巨大而深远的。

当时，浙江还处在军阀统治的时候。尽管五四运动反帝反封建的浩大声势，已震撼了浙江大地，但反动的势力还是根深蒂固的。经先生是以一位五四时期浙江新文化运动的重要人物出任四中校长的，从而就遭到宁波遗老、第一任宁波师范学堂（即四中前身）校长张让三等人的反对。他们公开上书浙江当局，诬称经先生来宁波，"如洪水猛兽之将至"。毕竟新潮流是无法抗拒的，加以经校长在进步势力的拥戴下，以最大的决心和毅力，无所畏惧的精神，大胆开展了学校的工作，取得了重大的成就，使这些遗老们无法得逞。这里，不可能对他全面的评述，仅想叙述一些他在宁波的工作给我个人留下的深刻印象。

经亨颐先生是一位出色的好校长。他深知只有依靠教师才能办学，办好学校必先有优良的师资。他到任后，首先注意广收人才，慎选师资，新聘了思想进步、学有专长的当时著名学者和进步教师，如夏丏尊、朱自清、方光涛、许杰等；同时，也聘请甬籍优秀教师杨菊庭教英文，蔡曾祜教数学，蔡芝卿教地理，戴轩臣教化学，从而破除了原来学校在人事安排上浓厚的地方色彩和门户之见。经先生还不拘一格地选拔教师，如汪子望原是小学教师，但他思想进步，有真才实学，工作热忱负责，就大胆破格录用，后来他成为四中共产党组织发展的核心人物。更为后人所传颂的，是那位曾反对经先生长校的洪樵苓，因国学基础扎实，仍被聘请为国文教师。由此可见，经先生任人唯贤，具有兼容各种人才的胆识和气度。

另外，经先生还进一步千方百计地设法邀请国内文化界名流和革命志士来校讲学，如陈望道、沈雁冰、杨贤江和当时团中央负责人恽代英同志等来校讲演。这对学生增长知识，开阔眼界，启迪思想是有重大的意义，并直接对当时四中建立党组织起了推动的作用。经先生就是这样一位能团结教师，带领青年一代前进的校长。

经先生是一位勇于不断创新的改革家。可以说：经先生长校的期间，就是学校不断创新改革的时期。他公开反对死读书，不满学校教育只局限于知识传授，认为这是一种"静"的教育，是"扼抑人才"的教育。他热心倡导要"与时俱进"，积极使学生"增进德智体三育"，培养他们提高能力。他到校后，立即改善学校设施，充实图书、仪器，开辟实验室、音乐室、美术室、劳作室。同时，多方聘请学有专长的教师加强讲授，一改过去对音、体、美、劳学科的轻视。一时间校园内既有琅琅的书声，也有引吭高歌、写字作画的，还有打球跑步的，出现了空前蓬勃活跃的气象。经先生尤其重视传播新思潮，1924 年 5 月 1 日，四中举行五一国际劳动节纪念大会，首开宁波教育界先河，进而在 1925 年 1 月 21 日又举行列宁逝世追悼会，以"全人类救主""新世纪元勋"为对联，经校长亲自作报告，赞颂俄国革命，更是启发了学生，震动了宁波。经先生还允许共产党团组织在校内公开活动，支持学生组织各种学术团体，编印刊物，宣传进步思想，抨击地方封建恶势力，冲击了封闭式学校的藩篱。不久，四中进步的学生在地下党的领导下，深入工厂创办工人夜校，又到农村进行宣传活动，把反帝反封建的革命思潮传播到社会。

对教育制度的改革，经先生更有他的独特见地。1924 年开始，他将高初中的三三制改为二二二制，即初中二年，公共高中二年，分科高中二年。在最后二年的分科高中中，大量加重分科的分量。虽然这一改革，由于他任期短促，又同英他各地学校学制不能一致，经先生离校后，就没有继续贯彻下去，难以评述它的成败；但是这一改革的设想和出发点，是值得我们后人深思的。他认为学制要适合国情，不能向西方照抄照搬。中国的国情是贫弱落后，是要百废待兴，急需大批各级各类的人才。同时他主张对青年要增进德智体三育，又要顾及他们不同程度的接受能力和不同方向的发展趋向，给予因材施教。所以，他认为当前中学学制亟须改革，倘用二二二制，则既能加速培养人才，又能顾及中等教育的基本要求。60 多年前，还处在军阀割据的时代，经先生已高瞻远瞩地孕育着立足本国，放眼世界，面向学生实际的改革精神，更显出他的难能可贵之处。

正因为经先生是一位值得称颂的好校长，而且在学校的改革中不断做出了贡献，这已经难容于宁波的土豪劣绅们。特别是四中的教育改革，又促使反帝反封建的政治风暴，在宁波呈现了空前高涨的形势，这更难容于宁波的土豪劣绅。他自然被目为掀起这一风暴的"罪魁祸首"。1925 年暑期，一批土豪劣绅乘四中学生放假的机会，大肆掀起了反经驱经的活动。他们通过当地报纸攻击经校长"放纵学生""纪律松弛"，甚至横加污蔑什么"共产共妻"等等，提出要求撤换校长。最后，教育厅听从宁波地方顽固势力的反经驱经，就用 1500 元作钓饵，派经赴日考察教育。经先生明知"考察教育"是名，逼他辞职是实，就拒不接受，而愤然离校。

今年是经亨颐先生诞辰 110 周年纪念，在中国共产党的正确领导下，在教育界后继者的不断努力中，先生当年孜孜以赴的教育改革的夙愿早已实现，先生过去辛勤工作过的学校，旧省立四中，今宁波一中，正呈现出欣欣向荣的满园春色。这将大大超越先生一生崇高的理想！然而先生重视教育、慎选师资，发挥教师专长，特别是倡导教育要"与时俱进"，不断创新、勇于改革的顽强斗争精神，是值得我们永远学习的。

北伐前夕宁波学生"拥经亨颐"的斗争

周闪耀

（一）

1924 年 5 月下旬的一个晚上，宁波甲种商业学校的运动场上，搭起了戏台，召开该校成立十周年纪念大会。晚 7 时，大会开始不久，有个省立第四师范的教师叫洪兆麟的，跑上台去，辱骂共产党，辱骂即将来任的第四中学校长经亨颐（即经子渊）。他骂经亨颐是"共人财产、共人妻子"的"赤化分子"；标榜自己是宁波教育界的元老，他代表宁波的教育界坚决反对经亨颐任四中校长。最后还大声疾呼说："阿拉宁波人，什么马克思、牛克思，一律反对，一律不要！"这是宁波反动派伙同封建势力攻击共产党，反对革命的第一声。

但是事态的进展，却不像反动派所想象的那样如意，在那年下半年，省立第四中学的校长经亨颐终于到校了。经校长是教育界的先辈，他曾任北京女师大的教务长，是杭州第一师范的多年校长，也是积极拥护孙中山先生联俄、联共、扶助农工三大政策的国民党左派。经校长一到学校，在开学典礼上就毫不留情地揭露那些争权夺利、祸国殃民、连年内战的北洋军阀的罪恶，毫无顾虑地揭露帝国主义侵略中国的罪状。并鼓励同学要积极参加爱国活动，参加革命。最后，还提出打倒帝国主义、打倒军阀的响亮口号。

自经校长来校开始，把宁波第四中学（在南门永宁桥）和宁波第四师范（在湖西虹桥头）两校合并起来，统称为浙江省立第四中学。学制也由第四中学的四年制和第四师范的五年制，改为六年制。但当时一般学校的改制，都是实行初中三年，高中三年，经校长认为国难当头，国家应早出人才，高中应分科培养专才。因此，他实行了初中二年，公共高中二年，分科高中二年的二二二制。经校长这一改制，得到学生们的热烈拥护。

在经校长来校后，他撤换了那些头脑封建、思想顽固的教师，而聘请了朱自清、夏丏尊、汪子望、刘延陵、刘叔琴、郑鹤春、刘质平、郭伯宽等具有真才实学，具有救国抱负的教师。

当时中国共产党在宁波已成立了特委，经校长在宁波特委的影响和推动下，在学校中进步师生的合作下，大胆地发动师生宣传革命，积极鼓励学生上街去进行爱国活动。他不但允许同学在星期天可以上街宣传，还允许在星期三下午作为进行爱国活动的时间。记得那时有几个从杭州的第一师范跟随经校长转学来四中的同学，如华少峰（即华岗）、李先仲、吴谦等，他们是鼓动同学，进行反帝、反军阀、反对封建势力，宣传革命的有力骨干，也是在校内传播马克思列宁主义，发展党团组织的先锋。从这时起，第四中学师生中的革命气氛不断高涨。1925年1月，是革命导师列宁逝世一周年，学校中召开追悼大会，通过这次追悼会，使全体同学进一步认识了俄国十月革命的伟大意义。不久，学校中组织了社会科学研究会，成立了中国共产党和中国共产主义青年团（简称 C.Y.）等组织。中国共产党的刊物《响导》，中国共青团的刊物《中国青年》大量在学校中出现（当时国家主义的刊物《醒狮》也一度在学校中推销，但它狭隘的国族主义思想为同学们反对，不久订阅的人逐渐减少，这一刊物在四中也就销声匿迹了）。

1924 年下半年到 1926 年上半年这几学期中间，学校还邀请了当时广东革命政府的要人如胡汉民、沈定一等来校作报告。1925 年上半年，宁波党组织邀请恽代英同志来宁波，他曾在宁波后乐园、鼓舞台进行多次报告，当时听报告的除许多小学教师以外，大多是第四中学的师生。恽代英同志这次报告，影响特别深远。此后，宁波共产主义青年团的活动就进一步扩大起来。

（二）

自经校长来四中以后，宁波的封建势力总是千方百计地谤毁经校长，反对他的办学方针，攻击学生思想"赤化"，不守校规，纪律松弛，行动越轨等。在这几年中，正是日本帝国主义步步侵占我国土地，杀害我国人民；南北军阀，以帝国主义为靠山，抢地盘、争势力，连年混战，民不聊生的时候。广大工人与爱国青年，爱国知识分子，在十月革命的影响下，抱有国家兴亡，匹夫有责，抛头颅、洒热血，为国捐躯的决心。全国各大城市，都掀起了反帝、反军阀，抵制日货，驱逐英商等一连串的爱国运动。宁波学生联合会和爱国反帝等团体，也相继成立。四中学生，在宁波学生会的领导下，今天搜查日货，明天斗争奸商。在"五卅"惨案发生以后，宁波又掀起罢市、罢工、罢课，使日本货只好改头换面，贴上"德国制造"商标；英商"大英牌""强盗牌"卷烟只好改名为白锡包、红锡包。

在宁波革命热潮·浪高过一浪的大好形势下，宁波封建势力代表、反动文人学阀，如李琅卿（抗战开始，李在阅读毛主席《论持久战》后，政治态度有转变，声明拥护中央）、陈叔亮等，他们对这一大好形势，视同洪水猛兽，对第四中学学生的爱国行动，污蔑为"过激"。他们就结伙造谣，并向省教育厅控告经校长所谓"十大罪状"，要求省厅将其撤换。第四中学的学生、教师坚决拥护经校长，也公开在宁波学联和第四中学创办的《宁波评论》《火曜》《春草》等刊物揭露他们的阴谋，并联合进步士绅，推举师生代表赴省教育厅请愿，为经校长辩护和公开挽留。记得第一次赴省厅请愿的，由学生推选孙经文、吴文钦、干翔青和刘沧海为代表。那时省教育厅长是张阆生即张宗祥（一说是计宗颖）。四中学生代表由他接见，因张阆生和经校长有师友关系，碍于情面，表面上说了一套好听话，说经校长德高望重，学有专长，政府将另有高位请就；至于四中校长的继任人选，可由经校长提出，省厅决无他意。代表回校后，向经校长汇报，经校长气愤地说："阆生叫我走，我偏偏不走，我不是为恋栈，而是为了整个宁波地区的教育着想，为全校近千名师生着想。"

但当时教育厅厅长，既妒忌经氏的盛名，又要博取宁波封建势力的欢心，并打击师生的进步活动，所谓有"高位请就"，实为施了釜底抽薪之计，他们要送经校长1000元钱，要他去日本考察教育。对这一诡计，经校长心中完全明白，所以在经校长最后一次离校时，公开向师生表示，既不要这1000元钱，也不去日本考察，让教育厅撤我的职罢！经校长于1925年11月间离校后，教育厅当即派了一个叫范均之的来校代理校长。他一到学校，开除了一批进步同学，那些有声望的教师，也由于经校长离校，都辞了职。但是同学们反对封建势力的浪潮，不但没有熄灭，而且更汹涌澎湃，在整个学校中，不仅和范均之进一步展开面对面的斗争，还公开贴出了驱逐范均之，要求经校长继续来校的大字报；并组织更大的代表团，向教育厅再次请愿。教育厅厅长张宗祥，看到形势越来越严重，无法平息下去，只好乞灵于高压手段，叫宁波（会稽）道尹，勒令把四中解散。（这段情况参看当时四中出版的《春草》刊出的《四中解散后告宁波青年》一文）

（三）

1926 年下半年，当教育厅将派法国留学生陈世觉任四中校长的消息传到后，同学们一面对经校长已无法挽留，感到婉惜，另一面又知道陈世觉是顽固的国家主义分子，激起了更愤恨的情绪，为此，大家都抱有破釜沉舟、不惜任何牺牲，给反动派一个迎头痛击的决心。9 月初，学校开学后，同学们知道陈世觉不仅辞退了大批优秀教师，还安插了不少国家主义顽固派，如叶秀峰（以后是国民党的中统局局长）、陈叔亮、陈孟夫、林本侨等。学校在开学前一天，还贴出了要同学们安分读书，严守纪律的布告。

开学的第二天，学校在大礼堂举行开学典礼，在开学典礼上，陈世觉神气活现地大谈其曲线救国理论。他说：年轻学生，幼稚无知，你们主要任务是埋头读书，不要空谈政治，更不应去参加爱国活动，被人利用，搅乱社会治安。至于研究政治，参加革命，要在大学毕业、留学回来后，才可以研究参加。还气势汹汹地提出所谓三条禁令：第一，平时不准出校门，假日出外也必须请假；第二，禁止参加社会活动；第三，如擅自出外和参加社会活动者，则记大过一次，记三次大过的即行开除。对陈世觉的这种反动言论和高压手段，同学们听了很愤慨。当陈世觉报告一结束，吴谦同学立即跑上台去，针对陈的谬论进行针锋相对的驳斥。吴谦同学说：陈校长既然说青年学生不能谈政治，不准参加爱国活动，既然研究政治、参加革命要等大学毕业留学回来，那么陈校长也是堂堂留学生，请看他今天在这里是宣传革命还是压制革命，鼓励爱国还是反对爱国？陈校长还要把参加爱国活动的同学开除出去，这岂不是卖国光荣，爱国有罪了吗？这种谬论是使人难以忍受的。吴谦同学还没有把话说完，这位色厉内荏的陈校长涨红了脸，跑上台去，恼羞交并，为了想挽救他的臭面子，声嘶力竭地向同学们说，谁反对我当校长，谁可以举起手来。他满以为这样可以压下同学的声势，但不料大家都以激昂的情绪举起了手，同时还高喊："不要陈世觉，要经校长！"这个时候，陈世觉已经处在十分尴尬的地位，他的脸已变得灰白。正在这个时候，突然从台下跑上去一个教师，这个人一面向同学们挥着手说：同学们，误会了，误会了，陈校长不是不要同学们爱国，不是……一面把陈世觉护下台来。这个教师是谁呢？就是新任的教导主任金海观。可是同学们还有谁会去听他的说教呢？早就一哄而散了。

　　一场尖锐的斗争，给国家主义分子陈世觉以沉重的打击而宣告胜利。当天下午，学校布告处贴出了开除吴谦等几个同学的布告时，这几个同学早已整好行装，做好准备。他们在党组织的指引下，走向新的战斗岗位。无数的同学们夹道欢送，在这悲喜交集的情景中，相互鼓励："再见罢！同学们，让我们在不同的岗位上，燃起更猛烈的战斗烈火吧！"

附文：

四中解散后告宁波青年 ①

第四中学被教育厅宣告解散了！解散的原因与事实如此：四中自经亨颐做校长后比较得有生气，最近四中学生热烈参加各种爱国运动，渐渐地动摇士绅们的地位了，于是把持地方的士绅，专利的教育家乃相互勾结，向省县控告，说经亨颐赤化了。教育厅长本忌经氏之盛名，现在碰到这个好机会，落得买士绅之欢心，送一千几百元钱叫经氏到日本去考察教育，一面马上派一个名为代理校长之范均之接任。范氏到校做了一个下马威，开除了一批学生，就事事奉承官绅之命，而此时之经先生终未去日本，于是四中学生教师乃本其原来主张，要求经氏回校，教育厅以四中学生不奉命，遂叫会稽道尹，勒令解散。

在这种情况下，我们也不必说是辩非，因为现在我们平民、被压迫者是没有讲话的权利的，我们只要看清道路，决定自己的战策就够了，那些大道理只让读万卷书的雍容君子去讲，我们是根本不配的。

这件事早就告诉我们，帝国主义的势力已经侵入我们的学校里，宁波的绅阀已经向学生们进攻了，他们收复了四中以后，马上会把刀锋轮到我们的头上来！在这资本主义、帝国主义统治世界的时候，人民的一切自由、权利都被剥夺完尽了，士绅在这时候，没有自己的地位，只依附于官吏，做了帝国主义工具之工具，是被压迫人民的第一重铁板，毒腐民族解放的霉菌。这次宁波士绅之破坏四中，就是帝国主义对青年所开的第一炮，这次四中学生的反抗斗争，就是一个反帝国主义的实际行动。我们不要小看了士绅，他们是与帝国主义站在一起的，打倒了绅阀，就是打

① 摘自四中《春草》刊，该刊是 1926 年四中学生为"拥经"而出版的。

倒了帝国主义。我们必须站在民族解放的观点上去看清革命前途上之障碍物——绅阀，以求得自己的自由，并使教育解放。

宁波绅士控告经校长说：在五卅运动中经某首先主张罢课，便使全部学潮不可收拾。当帝国主义炮火漫天烧来，革命的战士已纷纷饮弹而死的时候，稍有人心的国民，谁不血跃气腾，群起抗拒；而绅士们偏偏不主张我们罢课，以借学生罢课为经校长之罪，这不是丧心病狂，甘做亡国奴隶，便是与帝国主义设谋，破坏中国民族解放运动，思得帝国主义之矜惜！绅士已勾结上帝国主义，直接向我们进攻了！

宁波绅士又控告经校长说："自经某到校以来，管理废弛，校内学生组织团体至三十余种之多。"学生尚是一个人，竟连结社集会自由也被剥夺了，帝国主义和他的走狗绅士的本意，只要他们的被统治者屈服、被剥削，组织学生会、组织教职员联合会等固然根本不行，就是学术也只要学做一个奴才，听他们役使就够了。讲什么自由研究，讨论学理？真的青年觉悟了，怎还了得？军阀官吏常在戒严时，禁止人民群众开会，而今绅阀竟进一步，连学生们在校内举行学术研究也不许了。

宁波绅士控告经校长再说："四中教员学生在外发行《火曜》《蛾声》等刊物，经某不加禁止。"被统治者是没有说话权利的，何况是犯了绅士的尊严！校长不禁止学生、教员说话，便是共同犯！要不然也失了官绅托付，压迫学生，监视教员之重任！总之，四中学生太解放了！渐渐地要起来革命了，平民只配学做奴隶，听命令，哪里可以有言论，可以有自由集会，竟敢喊打倒帝国主义，致危及他们的地位呢？经校长也太不迎合他们的意志，不替他们训练奴隶，而反保障学生的自由，鼓励学生爱国！"保障自由，鼓励爱国"就是经亨颐之罪！

够了，只这三点，已足使平民们吓怕，帝国主义者开颜，而绅士们所站地位，也更使我们认识了。帝国主义军阀、官吏、绅士都是站在一个阶级，学生、平民是站在另一个阶级，这个时候，帝国主义要保全他们的统治地位，就须将青年变为奴隶，要灌输机械的死的知识，教他们复古读经，根本消灭其反抗性，更不许他们为自己利益而作解放运动。所以统治者——帝国主义及其工具，拼命压迫学生的集会、结社、言论、出版自由，防止学生的思想觉悟，更不允许学生去参加实际活动，校长、教员不过是看家之狗，在他们的眼光中，如果看管得不好，当然是要受主人之惩罚。

现在我们再回过头来看看宁波绅士脚下的学校，他们都是哀婉呻吟，了无生气。这些校长拜倒绅士脚下，承看颜色，唯恐稍有差池。因此他们就每年换得二三千金之津贴，而对有事时更能得其大力维持。如女师校长之镇伏学生，竟能得官吏与军警之援助，民强之争长潮中，也能得一绅士之翼护，而林黎叔仗绅士之后盾，一跃而获得工校在手。他们既得了这些恩惠，自然要感谢莫忘，戴德图报了。现在女师新旧学生不许见面，走路说话要受干涉，不得组织学生会，不得参与爱国运动，中工学生会被强迫解散，甲商学生会无形打消，育德学生就深沉在渊底，思想被钳锢，行动受监视，不得在学校开会，不得与教员谈话，这些都是人过的生活吗？是我们所能忍受吗？

这样更使我们看得明白了，综治者对我们青年的态度是怎样？校长教员为谁努力？四中校长经亨颐之背"主"纵"囚"，自是"该死"，但我们不归咎于任何一人，因为这是现时普遍的现象，一个社会问题。只要帝国主义统治不倒，我们被压迫者不能解放，他们统治者要保全其统治地位，自不得不向我们进攻。假使我们早上觉悟过来，他们晚上就会崩溃的啊！

在社会未根本改造之前，他们是不会得到局部崩溃的啊！

　　觉悟的青年们，我们要保障自己的自由，要谋自己的利益，只有自己起来，站到革命的旗帜下去，把资本主义的社会破坏一个完尽！帝国主义的宝座打得一个粉碎！重新创造起一个世界！那时才没压迫我们的，更没有反动的教员来损害我们，而我们青年乃有坚固的保障、充分之自由了。

　　宁波的朋友！我们要放大眼光，认清自己的道路，联合自己的朋友，被压迫的民众，高举革命旗帜，踏上解放的大道，并要求彻底解放的观点来决定眼前的策略！

　　打倒帝国主义！打倒绅阀！驱绝为统治阶级走狗之教职员！

　　归到革命的旗帜下面，谋得自己被压迫阶级之解放！

　　宁波青年万岁！

纪念经亨颐先生

毛翼虎

我是浙江奉化县（今奉化市）人，不读奉化中学，又不读宁波中学，千里迢迢地再从宁波趁火车去驿亭白马湖春晖中学就读，就因为当年有经先生任校长。在经校长宽阔的襟怀下，有一批国内名流在任教，深深地吸引了我。

经亨颐这个名字，在我未进春晖之前，早有深刻的印象。1923年8月，经来宁波任省立第四中学校长，我的胞兄毛觉吾就在第四中学读书。由于经是一个追随孙中山先生进行民主革命、国民党中坚定的左派，又是一位有博大胸怀远见卓识的教育家，他一到四中之后，就锐意进行改革，这就必然引起地方封建士绅的反对，引起反经与拥经的风波。当时地方上的开明人士和学校里的优秀学生都是拥经派，我的哥哥毛觉吾就是其中之一。他经常对我谈起：经亨颐先生是一位了不起的人物，他提倡"人格教育"，强调"自动、自由、自治、自律"，改革了学制，聘请了一批名流如夏丏尊、朱自清、方光焘、刘延陵、赵廷为、刘叔琴，提倡课外活动，充实图书仪器设备，爱护进步团体，使四中面貌焕然一新。当时宁波浙江省立第四中学有"小北大"之称，经亨颐也有"蔡元培第二"之称，可见经亨颐先生对宁波的贡献和他在宁波的盛誉。当时他还兼任白马湖春晖中学校长，奔走于两校之间，风尘仆仆，不以为苦，尝曰："春晖有'山间明月'之美，四中有'江上清风'之胜，吾一身具两地之秀，则又何苦之有？"其卓识超行有如此者！

经亨颐先生于1923年任宁波浙江第四中学校长，至1925年10月去职，在此期间是四中前所未有的黄金时代。以后，杭州的一中、宁波的四中一向被誉为浙江省立中学之佼佼者。经先生辞去四中校长后，专心于春晖中学的建设。他贯彻"反对旧势力，建立新学风"的主张，整个学校浸润着五四运动的革新精神，学校经常举办专题讲座，聘请校外名流学者主讲，如蔡元培、何香凝、黄炎培、陈望道、舒新城、俞平伯等先后前来讲学。所聘教师，大多系国内文教界名流，如夏丏尊、丰子恺、朱光潜、朱自清、刘薰宇、冯三昧、匡互生、赵廷为、王任叔等。当时不少著名人士如张闻天、刘大白、陈树人、沈玄庐、杨之华、叶圣陶、胡愈之等都曾先后到校考察指导。学校声誉鹊起，连远在东南亚的华侨，也有人慕名送子弟前来入学。

我也在这样情况下，受我哥哥指导去到春晖中学，回忆中这时白马湖的湖光山色，真是充满诗情画意。沿驿亭火车站前进，沿途垂柳依依，鸟鸣蛙唱。弘一法师的晚晴山房、经亨颐先生的长松山房、夏丏尊先生的平屋……好一派自然风韵。连学校的仰山楼、曲院、西雨楼等也都使人神往。我则住在新建二字房内。那时有两个校长，一个就是主办人经校长，他因事忙，不常到校来。另一个校长范寿康先生却常年驻校。记得那时经校长的女公子经普椿，范校长的女儿范令棣，还有夏丏尊先生一个女儿已记不起名字来，都在一起读书。我印象中最深刻的一件事：当时春晖中学艺术空气浓厚，经校长本人金石书画，件件都来，画竹尤其著名，何香凝先生及其公子廖承志，还有画家陈树人先生亦常来白马湖，陈松、经竹、何梅的岁寒三友图，成为最珍贵的文物。我在这种气氛的熏陶下，也眼红手痒地学起画梅来，有一次，被经校长看见了，他严肃又慈祥地问我有没有学好写字？我老实地告诉他非但没有学好写字，而且不大学写字。他就劝诫我先要学好写字，然后才有学画的根基。他的言辞是这样的恳切，至今犹深深地印在我的脑海里。

我在春晖中学没有待很长时间，但对春晖的印象，对经校长的印象，对范寿康先生的印象是深刻的，经校长仿佛似严父，如慈母，永远不能忘怀。以后我一直追求光明，要求进步，这与春晖给我的力量是分不开的。

1983年3月，范寿康先生的部分骨灰由北京运回浙江上虞故乡安葬，是由廖承志夫人经普椿女士及全国政协有关部门、上虞县县长及范氏家属护送来的。到杭州的时候，我与浙江省有关部门负责人及范寿康先生老友董聿茂教授到机场迎接，这才会见了经普椿女士，昔日少年，今已白头，都不认识了，以后谈起当年春晖读书情况，这才往事依稀，恍如一梦。经亨颐先生长于范寿康先生，今年已一百又十岁诞辰了，上虞县政协为这位一代民主主义教育家兼政治家经亨颐先生举行纪念会，这对纪念先哲、教育后人是一次重要活动，我作为敬佩经亨颐先生学生之一，前来参加这次纪念活动，借以对先师表示怀念与敬意，也是一次接受教育的机会，策勉自己如何遵照先师的教导，始终做一个有益于社会的人。

探求与奋争

教育革新的先驱经亨颐

经遵义

经亨颐一生致力于发展新教育，他的教育主张有以下几方面：

首先，他竭力提倡"人格教育"，认为"凡学校皆当以陶冶人格为主"。学生应该"德智体美群"全面发展。他把以前死读书式的教育称为"静"的教育。这种旧教育"扼抑人才"，而主张"学校不但授予知识，且须随时注意训话"，所谓"训话"，即对学生进行思想教育。爱国主义是"训话"的重要内容。他积极支持和组织学生参加五四运动，就是他爱国主义教育的最好例证。1919 年 5 月 12 日，经亨颐所支持的杭州地区 3000 多名学生举行了示威游行，他亲自参加学生游行队伍。并在该天日记写道："（游行队伍）先过教育会，气甚壮，余出助呼万岁，直至下午三时始回原处。"所以，他提倡的"训话"完全是进步思想的教育，绝非腐朽思想的灌输。当他得知代表旧势力的浙江省当局要干预教育，干涉一师，怒不可遏地高呼："吁！政党注意及此，乱我清静教育界，可恨！"重视体育，也是他当时与众不同的教育主张。他认为"教育之洪炉，合文武为一体也。"他任职的几所学校，都有生气勃勃的体育活动，他还亲自参加运动会，并亲自作书画作为优胜者的奖品（经是一位金石书画家）。

其次，他主张办学民主，他主持的一师和春晖中学等，都有名实相副的校务会议，校长不享特权。他提倡学生"自动、自由、自治、自律"。所以，学生的自治能力、活动能力都很强。他主张学生多深入社会，调查研究，宣传群众。1918 年，在他辅导下，杭州几所学校的学生代表 50 余人，组织临时通俗演讲团，分赴各地演讲，影响很大。后来春晖中学的学生，也办农民夜校，组织话剧团，宣传抗日救亡。经亨颐所任职过的学校，学生的刊物也办得特别多，在社会上起了积极的作用。

第三，他竭力主张教育的普及，他称之为"国本教育"即普及公民教育的主张曾得到孙中山的称赞。他说："教育为根、社会为叶，叶之败，根之耻也。叶之所以败，拔根之咎也。"1931 年，南京政府曾想让经先生出任教育部长。经以"实行国本教育，以全国盐税为全民教育费，促成国民教育之普及"作为先决条件。后南京政府不接受此条件，经先生也就未出任教育部长。

第四，他主张"爱的教育"，提倡对学生正面疏导，并提出了因材施教的教育方法。浙江一师曾发生过学生因偷窃行为而被学校"除名"的事件。对此，经深感内疚。在校务会议上正式提出"管理学校勿以除名为结局"。他还主张教师应以以身作则的行动去获得学生的信任。

第五，经亨颐认为教育革新，关键是教师。因此，他特别注重师范教育和师资质量。为使师范毕业生适应教育革新，他还主张师范办"毕业生讲习会"，"使循环来校灌输新思潮"。他还特别强调教师的辛勤负责和教学研究，说"教育者之标准，不尚资格经验，务须勤劳研究"。

经亨颐并不满足自己的科学设想与实践。对先进的教育思想，他总乐意吸取以充实自己的教改方案。他考察过日本、朝鲜的教育，视察过江浙沪等许多省市的中小学，他关心学生的动向。只要他认为利于培养人才，促进教育革新的，他就赞许吸收。他还常请著名教育家和学者到教育会和学校讲学，如美国学者杜威、我国知名教育家陶行知、蔡元培、陈鹤琴等，都被他邀请过。但他对不合新教育的教育制度和方法，便不加掩饰地抨击。如他考察朝鲜后，认为是"亡国教育""殖民教育"（当时朝鲜为日本占领）。他调查山西后，抨击"山西一人铸成大错"，"阎督军（阎锡山）简直以兵兴学"。新文化运动一兴起，经亨颐便积极提倡使用白话文。

经亨颐的教育革新不但使当时的几所中等学校办得生气勃勃，而且影响带动了一大批学校的教育改革。所以，经亨颐对新教育的发展，是功绩卓著的。经亨颐先生弃世已近50年了，但他留下的教育思想和革新精神，是依然值得教育界同行们学习、研究和实践的。

经亨颐与蔡元培

谷斯范

　　我进春晖中学读初中的时候，经先生已不过问春晖的校务，在长松山房绘画作诗，或长期外出，只在山麓的行人道上见过几次面，但印象太深刻了。姜丹书先生所著《我所知道的经亨颐》，有一段话不满五十字，说得扼要中肯："性情亢直，刚正不阿，不畏强御；豪于饮，时发天真佳趣；身颀长而挺拔，长颈方额，巨眼赭鼻，声昂昂，一望而知其为卓然丈夫。"我跟蔡先生只见过一面，30年代初，随伯父到上海愚园路他的私宅去访谒。中矮身材，外貌谦和厚道，说话慢吞吞，眼镜片后，眼光炯炯有神。他一生清廉正直，世有公评。经亨颐先生早年参加孙中山先生领导的同盟会，国民党第二届中央委员会委员，赞同联俄、联共、扶助农工三大政策，一直是国民党左派。蒋介石叛变革命后，他态度鲜明，抗拒不屈。1935年，他同宋庆龄、何香凝、柳亚子、陈树人等，响应中共"八一宣言"，在呼吁"停止内战，一致抗日"的宣言书上签字。蔡元培先生出身科举，是翰林学士，却成了反清革命党人，任光复会会长，秋瑾、徐锡麟、陶成章等都是光复会成员。他参加国民党后，一度跟吴稚晖、李石曾等在一起，有过失误；但他对蒋介石的独裁很有反感，特别对"四大家族"的腐败、贪污深恶痛疾，于是在思想和行动上逐渐成为国民党左派，与宋庆龄、杨杏佛等发起组织"中国民权保障同盟"，营救了很多被捕的革命者和爱国人士。

蔡元培先生是辛亥革命后我国的第一任教育总长，他下令大学取消经科，小学废止读经，打破了儒家思想的统治地位，提出要德、智、体、美四育并重，学校里设音乐、美术、劳作、体育等课。当时经亨颐先生是浙江两级师范学校校长，浙江教育会会长，曾多次进京，参加教育制度改革的商讨。两人在教育和学术思想上有很多共同的地方，举显而易见的几点来说：1917年蔡先生任北京大学校长，他一反过去校中存在的官僚习气，发挥民主风格，实行民主办校和教授治校，大大发挥了教授们的积极性。又提出"兼包并容""思想自由"的办学方针，聘请了陈独秀、李大钊、鲁迅、胡适、钱玄同等新派教授，也聘请辜鸿铭、刘师培等思想顽固却学有专长的教授。经先生也主张民主办校，他任春晖中学校长，校务主要由夏丏尊等几位教师负责。他担任校长的几个学校，民主与学术空气都比较浓厚，浙江第一师范的语文教师夏丏尊、陈望道、刘大白、李次九，被称为"四大金刚"，他们提倡新文学和白话文不遗余力。许多革命和进步书刊在校里公开售卖。学生们办了刊物《浙江新潮》，发表学生施存统的《非孝》，掀起了轩然大波。春晖中学远离闹市，受到的干预较少，学术空气更浓，夏丏尊、朱自清等教师把《新青年》《向导》《语丝》等刊物的文章，无所顾忌地选为课文。办了半月刊《春晖》，发表了夏丏尊、朱自清、丰子恺、冯三昧、刘薰宇的许多至今有价值的学术性文章。经先生任宁波四中校长时，请革命前辈和文化名人来演讲，如恽代英、杨贤江、陈望道等，又请夏丏尊和朱自清到四中兼课。宁波四中和四师发展的中共党员特别多，如卓兰芳、沙文汉、冯定、庄世楣、王仲阳等，这跟经先生的思想开放、重视学术自由分不开的。

其次，五四时期提出"民主"与"科学"的口号，认为我国民主思想的基础薄弱，是一根本性的大患，科学技术落后，妨碍了经济和社会的发展，要救中国必须请来"德先生"和"赛先生"。经先生对此体会颇深，早年在日本东京高等师范，读的就是数学和物理科。学成归国，主持两级师范，优级班选科定为史地、数学、理化、博学四科。他对科技科目的重视于此可见。蔡先生于1928年辞去一切职务，专任中央研究院院长，直到1940年逝世，一心一意为改变我国科学技术落后状况出力。研究院中不少科学家如李四光、竺可桢、翁文灏、陶孟和、赵元任等，都在蔡先生的帮助下，发挥所长，有了出色的成就。

最后，德、智、体、美四育并重。对美育的重视，这是两人都具有的真知灼见。经先生任浙江第一师范校长时，请了李叔同那样杰出的音乐美术教师，与原两级师范美术教师姜丹书一起，为浙江培养了大批优秀的音乐美术人才，其中有的后来成了全国名家，如潘天寿、丰子恺。经先生主持春晖中学，请丰子恺为音乐美术教师，图书馆美术画册之多，音乐室钢琴数量之多，当时在全国的中学是少见的。1923年5月30日，蔡元培先生来春晖中学演讲，有一段话很能说明他为什么那样重视美育。他说："美的东西，虽然饥不可以为食，寒不可以为衣，可是却省不来。人若终日在计较打算之中，那便无味。求美和求知识一样，同是要事。人如果只为生存，只计较打算利益，其实世间没有不可做的事。可是有一种人，自己所不愿做的事，无论怎样有利于己，总不肯做。自己愿做的事，无论怎样对己无益还是要做，甚至于牺牲生命，也在所不惜，这就是所谓高尚。高尚也是一种美，我们人类不愿做丑事，愿做美事，就是天性爱美的缘故。"1949 年后我们曾走过一段弯路，不重视美育，其实，正如蔡先生所说，"美的东西，虽然饥不可以为食，寒不可以为衣，可是却省不来"。如今已有所改变，德、智、体、美四育并重，这无疑将对提高民族素质，充实人们的精神生活起重要作用。

经亨颐先生和蔡元培先生，他们对我国现代教育事业做出了巨大的贡献，他们的为人，一个刚正不阿，一个清廉正直，足为一代师表。两位先生的精神不泯！

经亨颐与潘天寿

经遵义

 1937 年，上虞杨梅染红绽白时季，也正是白马湖长松山房主人经亨颐六十周岁的寿诞之期。平时住在上海的经亨颐专程回白马湖过生日。于是，一大批沪浙的亲朋好友闻讯云集白马湖，平日清静寂寞的山房顿时热闹非凡。农历五月廿五日，经亨颐在长松山房设宴招待宾客，宽大的山房高朋满座，显得十分拥挤。客厅里，书斋里，茶香、酒香、墨香交融四溢；诵吟声、欢笑声、议论声交响不息。亲临此宴的姜丹书曾经记录过这一盛景：1937 年丁丑（经亨颐）重逢花甲，仲夏时，曾在白马湖张桃宴，来客俱是乡老及在野旧友，余与其弟陈成仁（经之表弟）、潘天寿同往游，在其长松山房内摘"树头鲜"之杨梅而食之，出家酿而饮之……山房后长松旁有数株杨梅树，这年正逢杨梅大年，上山摘"树头鲜"，入宴饮"家酿酒"，自然大怡宾客之心，酒后茶余，这批文人墨客照例少不了在山房的书斋里，执管泼墨，吟诗作画，尽表友好祝福之意。宾客之中多有"寒友之社"社友。也有经亨颐的学生，刘质平、潘天寿即在其中。潘天寿既是学生，又是"寒之友社"的社员，当年正在杭州艺术专科学校任国画系主任教授，并兼任上海美专、新华艺专教授。世事沧桑，今长松山房已荡然无存，当时潘天寿在山房留下过什么墨迹，已无法查证了，但从师20余年后的画坛巨匠潘天寿能专程前来白马湖为老师祝寿，足见其眷眷师生情与殷殷师生缘。这次寿宴是长松山房建成八年中最盛大的一次艺术聚会，也是最后一次文人大聚会。抗日战争爆发后，潘天寿随国立艺专内迁去了云南，次年经亨颐郁愤成疾，病逝在上海。白马湖寿诞之散便也成了经潘师生的永别。

潘天寿，浙江海宁人，1897年生，小经亨颐整整20岁。1915年，潘天寿以第二名的优异成绩考入经亨颐长校的浙江第一师范。不久，潘天寿因素爱篆刻加入了李叔同在学校组织的"乐石"社，经亨颐常到乐石社指导学生。一次，潘天寿正在刻印，经亨颐身着蓝袍黑马褂缓步走来，久仰校长艺德的潘天寿连忙恭敬地递上几枚自认为还不错的石印请老师指教，然而看了一枚又一枚，经亨颐那张两颊凹陷、颧骨微凸的脸上总无一丝笑意，眉间紧锁的皱纹始终不能舒展。潘天寿料定自己的作品不中老师意，便惶惶然又将两枚自认为不好的印章递了过去。才知一看这两枚印章，经亨颐脸上终于有了笑容："好，这两枚不错。"弄得潘天寿发愣了，经校长却笑着说："治印非以整齐为能事，要取其自然。另外，治印须胸中先有书法，你可以学学秦篆汉隶。"潘天寿反复琢磨老师的话，又翻开印谱对照自己的印，茅塞顿开，深深佩服老师的眼力，决心按老师的指点练习书法，学治印。这便是经亨颐、潘天寿师生情的开始。

了解潘天寿的人都知道，这位现代中国画坛的顶级大师成长道路上，有两位好老师对他的影响最大。张振铎在《忆寿师》一文中写道："（潘天寿）一生中幸遇两位好老师。一位是大家熟悉的吴昌硕先生……另一位是寿师的业师，当时浙江第一师范校长经亨颐（字子渊）……"画家刘开渠也认为："潘天寿先生一直在南方，早期在杭州、上海，当时杭州是经亨颐、上海是吴昌硕对他很有影响。"当然"很有影响"绝不是照搬照抄，而是从老师处得到启示，认清艺路，然后努力创新，这是潘天寿之所以能攀上中国画艺术顶峰的原因。正如吴昌硕赞潘天寿："阿寿学我的画最像，跳出去离我最远。大器也。"吴、经两师并重金石，诗、书、画的艺术观也深深影响着潘天寿的艺术追求，但比起老师经亨颐，他当然是青出于蓝而胜于蓝了。

经亨颐对潘天寿似乎有启蒙老师的味道，影响最深的是金石与书法，经亨颐是很有造诣的金石家，西泠印社的"中坚"，《西泠印社志》中载："（经）童时已能治印，三十年后技乃益进，善用钝刀以取古拙……"他在潘天寿印学道路上屡加指点，潘天寿也经常拿着自己的作品向经先生请教，因而构成了潘天寿篆刻艺貌的基本趋向："钝刀拙线，精警重拙，不求妩媚，但追骨气。"秉承"书画同源"理念，潘天寿是一个出色的书法大家。他兼长各体，可谓"无体不善"。他善悉心研学东晋的"爨宝子碑"和南宋的"爨龙颜碑"这"二爨"的古朴、浑厚，而此又是经亨颐书法的专长。所以，经亨颐的书法也深深影响了潘天寿。正如刘海粟所说："经亨颐对我是很好的，经亨颐写爨宝子的，阿寿也受他的影响写爨宝子。"经亨颐的精到用笔，刚柔相济，舒卷质朴的书法风格，无疑对潘天寿的书法风格起一定的奠基作用。经亨颐艺术的丰富内涵和无穷韵趣，使潘天寿在学艺路上认识到中国艺术的一个重要特质：贵藏不贵露，贵含不贵显，贵内敛不贵外肆。

除了艺术上的影响，更重要的在人格品德上，经亨颐也对潘天寿起楷模作用。经亨颐有"强项公"之称，他的刚正不阿、倡明正义、无私洁身和执着勤勉深深影响着学生潘天寿的处世为人。潘天寿认定的，你就无法改变他。他认为"国画是中国古文化中特有成就的"，"振兴民族艺术，与振兴民族精神有着密切关系"，故他"不管任何压力，不赞成中国画'西化'的道路"。他又认同经亨颐"与时俱进"的创新精神，说："凡事有常必有变。常，承也；变，革也。""继承前人，目的是为了革新。"他认为人品、画品是合一的，所以像他老师一样，追求的画品就是至大、至明、至中、至正之气。经亨颐其实又是一个亲善的人。他广交朋友，敬学长，爱晚辈，特别在艺术界，对刘海粟、徐悲鸿、潘天寿等具备艺术天赋的青年，可谓关爱备至，从不卖老。潘天寿亦然，他尊师，从不以"大家"自居。这么一位可敬的艺术大师，"文革"中竟被摧残致死，死前两年，他写下最后一首诗："莫嫌笼絷窄，心如天地宽，是非在罗织，自古有沉冤。"其不屈不挠的坦荡心地像隅星的光芒，照亮漆黑的夜空，告诉人们，黑暗是暂时的，光明终将到来。

对老师经亨颐，潘天寿一直十分尊敬。潘天寿字"大颐"，他为不冒老师经亨颐、颐渊的颐字讳，早年很少署"大颐"字，"未得流行于师友间"。1929年，经亨颐集志同道合者组织了"寒之友社"艺术团体。这是一个没有章程、没有固定社址的松散型团体。何香凝、黄宾虹、张大千、诸闻韵等一大批画坛大师都罗织于"寒之友社"，潘天寿便也欣然成为该社较为年轻的一员，而且是出类拔萃的一员。他既能在师友中得到指教，又能在众大家面前显山露水，从而加速了自己的成熟。1961年，潘天寿在浙江美院开设了书法篆刻专业，缺少书法资料，他就慷慨捐献了几十幅珍藏的书法作品，其中老师经亨颐的就有两幅。

1937年长松山房的寿宴上，朋友们要为经亨颐出集，而经亨颐最希望的是尽其积蓄在杭州建一处"寒之友社"社址，而这一建社的任务便托付于潘天寿和姜丹书、姜卿云三人身上。潘天寿遵师命在西湖岳坟东山麓购得山地五六亩，由经亨颐自行设计作图，建成后，相当于"西泠印社"，为金石书画家们"游息之所"，预期这年 10 月落成，不想抗战爆发，"工事乃停"。经、潘等人营造"寒之友社"的美事因战火夭折。不久，潘天寿内迁，经亨颐病故，经、潘师生之交成了历史，"寒之友社"也因社址无成，领行人归西而无形云散，留给后人的是不尽的惆怅与无穷的遗憾，但潘天寿与经亨颐深厚的师生情缘将永存艺坛，千古不朽。

1956 年，潘天寿曾随"四清"工作队来上虞，在参观了东关镇农业生产后，应邀集体创作了一幅《报春图》，潘天寿题诗："今日农村新事多，地翻天覆改山河；山歌要唱一双手，斩棘披荆入画图。"当时白马湖长松山房已不复存在，潘天寿未能再温白马湖旧情，实属憾事一桩。

经亨颐与大同医院

柴中元　徐　煜　高彦伟

1929年3月，教育家、国民党中央委员经亨颐鉴于家乡缺少医疗设施，决定在甬绍线驿亭站附近集资创办大同医院。

经氏率先捐赠了自己五间二进房屋一所作为院址，并将良田140亩作为医院的资金。又辛苦奔走数月，至同年11月，筹得款洋七万余元。大同医院筹备委员朱云楼亦向旅沪同乡吕仰久募得良田20余亩。1930年5月初，经氏又亲自到上海与俞以玄筹商续募办法，打算募足八万元后，即着手开办。

1933年4月15日，经氏在自己居处——白马湖长松山房召开筹备会议，到会的有：俞以玄、经亨咸、经润甫、李宝煦和身兼公益特捐代表的朱云楼。筹备会议决议：

（一）通过董事会章程，推定李济生、俞以玄、经亨颐、经亨咸、李宝煦为常务董事。

（二）筹集十万元为医院永久基金。

（三）预定九月一日正式开院。

（四）公推经亨咸去聘请医院院长。

（五）凡捐款万元以上者为名誉董事。

（六）第一届常务董事任期八年。

由于经亨颐公务繁忙，以及医院内部修理尚未竣工，因而不能如期开院，只得延至 12 月 1 日正式开业。

1933 年 10 月 1 日，召开常务董事会议，创办人经亨颐，由京赶回上虞出席，常务董事俞以玄、经亨咸、李宝煦等都到会，新聘院长陈绍贤亦列席会议，常务董事会共同商议了关于医院中各种规程，以及出诊、门诊、病房价例等事项。关于开诊时间，会议决定，由院长所聘定的主任医师、产科医师、药剂师、看护士到齐，药品购备完全后，即可先行开诊，至于住院患者，必须在开业典礼后方可收治。

1933 年 12 月 1 日，筹备数年之久的驿亭大同医院终于竣事，并举行了开院典礼。

大同医院开院典礼之日，祝贺者甚多，收到礼金二百余元，省主席鲁涤平亦赠洋一千元，并题赠"大道之行"四字，名书法家马一浮题赠"讲信修睦"四字。第五区行政专员赵次胜，本县县长陈大训，旅杭同乡会，国民党县党部及私人和旅杭同乡黄守玄等均题赠颂词挂方等。一日中午，备筵席十桌，举行宴会。各界来宾中有：赵专员代表周思溥，县长陈大训，百官公安局李和涛，区长王顺隆、陈中梁，县商会刘介安，百官商会王似苏，春晖中学黄树滋及各区乡镇长；私人来宾如潘少文、杜芝良、谷伯旸、陈景翰、黄伯葵、周若砥、陈步海等三十余人。医院董事经亨颐、俞以玄、李宝煦、经亨咸、范洗人、朱云楼、经大来、陈一斋、经润甫等一律出席。下午 2 时，开院典礼开始，常务董事经亨颐致开幕词，俞以玄报告筹备经过，院长陈绍贤致辞，各界来宾代表亦相继发言祝贺。

大同医院的开业消息和经亨颐的致辞，在 10 月 3 日《上虞声三日报》上做了详细报道。

大同医院内部装饰布置，由常务董事经亨咸负责，院内陈设堪称富丽堂皇，病房分一、二、三三等。即如三等病房，布置亦颇富丽，每间病床二张，病房后设有浴室，陈列器具，可谓精雅。

1938 年 9 月 21 日，经亨颐在沪逝世。大同医院亦于 1941 年毁于战火。

"强项公"经亨颐

宋恩荣

五绝颐渊旧著声，

病床殡舍若为情。

辨奸每詈东窗妇，

得婿宁辞左袒名。

柳亚子在一首挽诗中满怀深情地痛悼了经亨颐的病逝，也高度评价了他高贵的政治品质和多方造诣。

经亨颐（1877—1938），是廖承志夫人经普椿的父亲，字子渊，号石禅，晚号颐渊，浙江上虞驿亭人。他是著名的国民党左派，也是我国近代史上久负盛名的教育家与金石书画家。

经亨颐青年时期即富于革命思想。他曾因慈禧废光绪一事随伯父经元善联名千人电争废立，触怒慈禧，遂被严缉，避难澳门。八国联军入侵北京后，国势日危。他为振兴祖国，东渡日本，与许寿裳、钱家治、陈衡恪等同入东京高等师范学校，攻读教育与数理，八年后学成返国。在日本，他结识了孙中山、廖仲恺，参加了同盟会。归国后经亨颐不应学部试，以示志不在功名，径往杭州就任浙江两级师范学堂首任教务长。辛亥革命后，他担任了浙江教育会会长，并历任浙江第一师范学校、上虞春晖中学、宁波省立四中校长与广州中山大学代理校长。他坚决拥护孙中山的三大政策，曾参加北伐。在大革命的关键时刻，旗帜鲜明地反对蒋介石的叛变行径。1935 年 8 月 1 日，中国共产党发表《八一宣言》，号召停止内战，一致抗日，他与宋庆龄、何香凝、柳亚子等人率先响应，影响巨大。

早在 20 年代，经亨颐已是与蔡元培齐名的民主主义教育家。他连任中学校长长达十四年之久，是我国中等教育改革的先驱。当五四运动浪潮席卷浙江的时候，他提出了"与时俱进"的口号，积极推行新教育运动，进行了一系列重大改革。如提倡学生自治，招收女生，试行新学制，改国文为国语；实行教员专任制，提倡德、智、体、美全面发展等等。在上虞白马湖畔创办春晖中学的时候，他坚持不向军阀政府立案，贯彻"反对旧势力，建立新学风"的主张。他所支持的学校成为浙江新文化运动的重要阵地。他的改革在全省以至全国都产生了极大的影响。许多具有进步思想的著名人士如陈望道、李叔同、夏丏尊、朱自清、刘大白、范寿康、朱光潜、王任叔、丰子恺、吴梦非等纷纷应聘到他办的学校来任教。经亨颐为国家培养了一批批著名的革命者、文学家、教育家、艺术家，如杨贤江、宣中华、施存统、柔石、魏金枝、冯雪峰、刘质平、潘天寿、丰子恺等都曾是他的学生，真可谓"天下桃李，悉在公门"。

经亨颐的革命精神吸引了四方莘莘学子，许多青年不惜从外县外省甚至海外负笈前来就读。但他的革新也引起了反动当局的忌恨，被视为"提倡过激主义、非孝、废孔、公妻、共产种种邪说，冀以破坏数千年来社会之秩序"的"洪水猛兽"。1919 年底，浙江省省长齐耀珊与教育厅厅长夏敬观借故撤查经亨颐，并出动军警包围浙一师，这就是震惊全国的以"反经"与"保经"为斗争焦点的浙一师风潮。鲁迅热情地支持了一师师生的这场斗争。

经亨颐不仅是教育家，还是一位集诗、书、印、画四绝于一身的艺术家。他本擅书法，又善治印作诗，50 岁时移笔习画，多画竹、梅、菊、兰、出水、松石等耐寒清隽之品。对于他的艺术成就，名家多有评论。于右任赞其诗如岩上松柏，超逸冲淡，大音希声，摆落尘埃；郑岳称其书画挥毫落笔，独往独来，"其高洁志行与浩荡胸怀跃然纸上"；方岩评他的篆刻"结构严谨、古朴豪迈、意境之高，迈绝时流"。

经亨颐一生淡漠功名。他虽是国民党中央执行委员、国民政府委员，但因反对蒋介石的倒行逆施，屡遭排挤，志不稍屈。晚年他与何香凝、陈树人、张大千、黄宾虹、潘天寿、丰子恺等组成"寒之友社"，诗酒联欢，风雨泼墨，满腔忧愤，寄寓书画，敢于蔑视反动派的威逼利诱，人称"经公颐渊，强项公也"。毛主席与周总理生前高度评价了他的一生，说"经亨颐先生是国民党的左派"。

经亨颐留有《经颐渊金石诗书画合集》三册，堪称我国艺术宝库中的一束奇葩。

纪念祖父经亨颐诞辰一百一十周年

经贞乔

我祖父经亨颐，字子渊，号石禅，晚号颐渊，世居驿亭，生于清光绪三年（1877年）五月二十五日。祖父早年留学日本，先后八年，毕业于东京高等师范，专攻教育与数理。留日期间结识了孙中山、廖仲恺等革命先辈。回国后，他不去应学部考试，以表示志不在功名。光绪末年，废科举，兴学堂。浙江省创立两级师范学堂于杭州贡院，祖父被聘为教务长。辛亥革命后，两级师范改称浙江省立第一师范学校，祖父任校长，同时兼任浙江省教育会会长。祖父治校不用私人，不染公款，聘用良师，有名的教育家陈望道、夏丏尊、刘大白、李次九以及李叔同（弘一法师）等都曾在一师任教。祖父以"勤、慎、诚、恕"四字为校训，提倡"人格教育"，并身体力行。在祖父的主持下，一师是当时全国闻名的进步师范之一，影响很大。五四新文化运动中，祖父主持的一师和省教育会，便是东南一带的旗帜。1919年2月，省教育会创办的《教育潮》大力宣传新思想，反对旧的教育制度，在浙江乃至全国教育界影响巨大。五四爱国学生运动爆发后，一师积极响应，我祖父还亲自组织声援团赴京支持爱国学生。一师的改革与进步以及它对全国的影响，使反动的守旧势力大为不满，伺机疯狂反扑。终因一师学生发表了一篇《非孝》的进步文章而引起轩然大波。1920年初，我祖父被迫去职，于是引发了闻名全国的一师学生的"挽经护校"学潮。我祖父在杭州浙江两级师范和一师共工作了十三个年头，毕业学生中，人才济济。如杨贤江、宣中华、汪寿华、叶天底、丰子恺、潘天寿、何明斋、王隐秋、刘质平、袁一洪等等，他们中好多都成了我党早期的优秀党员，有的成为进步的文艺巨匠和学者，为国家民族做出了重要贡献。

祖父离开一师，返居故里，但努力发展新教育之志不渝，遂与上虞开明绅士王佐先生共同劝说上虞开明富绅陈春澜先生捐资20万元，选址于白马湖畔，创办私立春晖中学，并任第一任校长。春晖中学于1922年秋季招生。为排除反动当局对教育的控制与干扰，春晖中学拒不向军阀政府立案。他切实贯彻"反对旧势力、建立新学风"的主张，学校设立"协治会"，实施民主管理。1923年，春晖便招收女生，开创浙江省男女同校之先声。在教育上，学校既重文理各科，也注重学生的德、体、美各育的发展。所聘的教师也大都是知名进步人士，如夏丏尊、杨贤江、朱自清、王任叔、朱光潜、匡互生、丰子恺、范寿康等等。春晖的创办在全国教育界引起轰动，各方学生都慕名远道而来。它以出色的新教育赢得了极高的声誉。

创办春晖后，我祖父又兼任了宁波省立第四中学校长。1929年，我祖父毅然将在故里驿亭的全部祖宅捐出开办"大同医院"，同时将全部田产（一百多亩）捐作办院基金以授惠于民。

第一次国内革命战争期间，我祖父积极投身反对封建军阀的斗争，南下广州，支持孙中山三大政策，在此期间曾任中山大学代理校长。蒋介石叛变革命后，我祖父不满蒋介石独裁统治，寄情志于艺术，同何香凝、柳亚子、陈树人、于右任、黄宾虹、张大千、潘天寿等一批志同道合文人组成"寒之友社"，并任社长。取名"寒之友"，意即在蒋介石倒行逆施下的凛冽寒风中，抗拒不屈。在日本帝国主义侵占东北，觊觎华北的紧急情况下，中国共产党在 1935 年发表《八一宣言》，号召停止内战，一致抗日。我祖父同宋庆龄、何香凝、柳亚子、陈树人等革命老人立即响应，并在宣言书上签了字。他这种坚定的立场，一直到停止呼吸，没有丝毫动摇。毛泽东同志在 1964 年 11 月 1 日曾称赞"经亨颐先生是国民党的左派"。

我祖父于 1938 年 9 月 21 日病故在上海广慈医院，终年 62 岁。粉碎"四人帮"后的 1978 年，根据全国政协和中央统战部的安排，祖父骨灰安放于北京八宝山革命公墓。

祖父去世已近五十年了，他老人家留给我们子孙后代的不是物质遗产，而是宝贵的精神财富。我们将永远缅怀祖父追求进步、无私奉献一生的伟大业绩，为四化建设多做贡献。

我作为经亨颐的后代、长孙，也代表我的姑妈（她是我爷爷活在世上的唯一女儿）参加在故乡上虞举行的纪念会，我们家属深知：只有在党的十一届三中全会后，才会有这样的集会。我想我爷爷也会含笑九泉的。

寒之友社记

姜丹书

　　寒之友社，为故金石书画家经亨颐先生所首创。先生字子渊，号石禅，晚号颐渊，浙江上虞人，世居驿亭，后移居白马湖边，署其斋舍曰"长松山房"。清光绪三年丁丑四月生。弱冠留学日本东京高等师范学校物理科，卒业归任浙江两级师范学堂教务长。是校为浙省最早师资所从出之高等教育学府，先生参与创制，规模宏远，时余亦膺是校聘，因得订交。民初，是校改组为省立第一师范学校，先生继任校长，尤注重艺术教育，特聘李叔同（弘一大师）氏与余等骈肩合作，成绩灿然，今如潘天寿、丰子恺等诸名画家皆出其门。直至民九去职，既而复任浙省第四中学兼上虞春晖中学校长，嗣又奔走南北，迭任国立北京高等师范及广州中山大学教授。国民政府成立后，任国府委员，兼绾全国教育委员会委员长，先后致力于教育事业三十余年，厥功甚伟。先生瘦长，巨眼而赭鼻，望而知其为卓然丈夫，为人刚正恬淡，豪于饮，夙善书，得爨宝子神髓；尤善治印，上追秦汉；五十始学画，出笔不凡，无师而自成，所写率为竹、菊、松、梅、水仙等类清隽题材，盖以自表其风格也。民十四、五间，偶客沪，清

203

闲无事，是时余任教上海美专，乃与余等日夕往来，常作小雅集，余兴所至，笔墨狼藉。未几，与海上艺人什八九声气相通，乃首唱"寒之友社"之组织。顾此组织，实可谓无组织之组织，盖无所谓门户式之章程，而一以道义相契结也。当时常相聚者，如故友诸闻韵、谢公展、王陶民、马孟容等，及今时彦黄宾虹、张大千、张聿光、方介堪、郑曼青、潘天寿及余等，不能尽记。迨后先生移寓南京，更常与旧友陈树人、何香凝、王祺等相往还，余子更不能尽记，正以其为无组织之组织，并无详确名录故也。换言之，凡艺林中之志同道合者，皆寒之友也。民廿六年春，先生托潘天寿、姜心白及余在西子湖畔物色一地，以备建筑寒之友社社屋，并言永充同道游息之所，不作子孙遗产，仿佛西泠印社之制。一日，由心白访得岳坟之西、仁寿山麓，俗呼里东山弄内坡地数亩，邀余及阿寿约先生同往相度，认为合宜，即嘱心白经办购地手续。同时先生即斥资并其夫人兑换首饰之款，得两万余金，除购地外，立召某建筑公司包工赶造，预期当年双十节遍邀社友开落成宴。不料工程未及半，而"八一三"抗战事起，遂中辍。既而杭垣陷，砖木尽散，先生亦避寇上海租界，忧愤疾作，廿七年九月十五日卒于旧法租界广慈医院，寿六十有二。有《颐渊篆刻诗书画集》行世。弥留时，犹以此志未遂为憾，乃遗嘱画友李祖韩继其遗志，董成其事，李君慨然诺。后于三十三年五月，其子利涉亦具书李君，表白遵乃父遗嘱放弃其继承权，邀余及汪亚尘君副署作证，益以专李君之任云。今也利涉亦逝，遗憾更深，烽烟愁锁乎英灵，荆棘蔓封夫故址，吾想兹事体大，非特李君床前受命，当不负所托，并且助成其大公无我之宿愿，亦一班同道后死者之责也。抑尚有一秩事可记者，当勘地时，丰草中跃出一童兔，群捕之，为阿寿踏获，包以巾，嘶声急而哀，若呼其母救命者，先生曰："放之！携归必死。"乃纵逸。余饱受战争苦，辄有感于斯，作一小品文，隐寓拉伕、抽壮丁之意，名《放兔记》以示先生，蒙激赏，谓此屋成，当增筑一"放兔亭"，并镌斯文于坡岩上，今固不知此筑果否能成，而吾文稿已早化灰烬矣。噫！民国三十六年冬赤石翁追记于海上屋笼人鸟居之嚣嚣轩。

跋

此事，余等初以为抗战一旦胜利，便可立就，预拟筹款之法，即由李君祖韩号召，余等多数金石书画同道响应，捐集数百件作品，开一两个展览会义卖，必可募得建筑费成此义举。不料外患才平，内战旋起，救死之不暇，哪能谈得到此事！吾恐从此无望，将长使经先生遗恨于地下矣！他年倘有吊古者，今告之曰：其地在卍字草堂东北之隔坡上，有一天然斜欹之岩石，深紫褐色，为麻姑石质，石面平坦，向东斜着，高丈许，即拟镌刻《放兔记》者，此岩石上方偏西之高平地，即筑而未成之遗址，尚有两大开间之墙脚埋没于荒土蔓草中，易于指认，未知来日果尚有人能承其遗志而成之否？谨志之以存其迹。己丑仲春敬庐再记。

第 五 辑

求知与做人

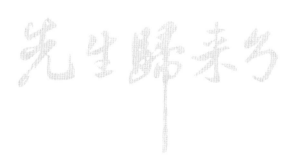

勉力与努力之关系

经亨颐

薄志弱行，为进德修业之大患，勉力所以进德，努力所以修业，薄志者不勉力之谓，弱行者不努力之谓，二者固有先后之区别，且有相济之关系也。曷为勉力？惟其不努力也，有力而不努，及至不得已时，以勉力而行，故勉力者无实力也，努力者有实力也。无实力而使之有，已非勉力，而为勉力后之努力，有实力而使之增，则为自努力而勉力后之努力。约言之，勉力为一时之努力，努力为经常之勉力，且勉力系他律性质，努力系自律性质。例如学生，自教员方面观之，随时提携促进而成勉力之作用，自学生自身方面观之，随时精勤饬励而成努力之作用。吾人处社会上，亦惟以勉力与努力相济而发展进步。任何事业，以努力达至九分以上，则以勉力而超越之，一如昆虫之蜕化渐渐长大，此扩张事业必经之手续，亦最稳健之方法。试观今日之居高位而营伟大事业者果何如？社会一般之任职务者又何如？余欲以勉力努力二语写各种任事之状况，并以指国人之通病。

（1）努而勉勉而努；

（2）努而勉勉而不努；

（3）不努而勉勉而努；

（4）不努而勉勉而不努；

（5）不勉而努努而不勉。

第一种努而勉勉而努，如上所述，为发展进步蒸蒸日上之最好状况。第二种努而勉勉而不努，褒之有知足之意，贬之则不免故步自封，敷衍塞责，然犹不足为修德之大害。试截其勉而不努一语思之，其勉也无非图幸得，既得之后尸位素餐，为国家之赘瘤，为社会之蟊贼，已可痛恨。第三种不努而勉勉而努，全语之意脚地不固，陨越堪虞，而不努而勉之勉，则为临渴掘井之状况，吾国今日几无事不然。使勉力与努力分离，不相济而相消，遂成第四种行险侥幸之状况。有二俗谚云：船到桥门自能直；过得海来是神仙，此国人心理上之通病也。

外人偶有誉我者，必为临时事业，盖临时事业全以不努而勉之勉力激成之，事后烟消云散，无所改进，又属勉而不努。尤可虑者，勉力与努力分离，以勉力之足恃，渐生无须努力之观念，反使勉力妨害努力，此种善因恶果，亦修养品性所不料，要之誉我以勉力，即毁我以不努力。此次联合运动会之成绩，誉者固多，自余观之，亦勉力之成绩，非努力之成绩也。其他事业之差堪人意者，非改组机关假言整顿，必更易主任藉博名誉，要皆五分钟之勉力而已。无实力之勉力，虽欲努力而不能，勉力之前后无努力，且以孤独自恃之勉力，减少经常进行之努力，可谓吾国道德修养之特别关系，而愿勉力不愿努力，遂成国人之通性。责任大于能力，今日之任事者几无一不然，具五分之能力，令其负五分之责任，恒怏怏不就。推之各事业各职务，能力与责任，近相参差，而通国遂无一胜任愉快之人，此吾国行险侥幸之现状也。

此外自第一种至第四种，勉努二字互易。则曰勉而努努而勉，与第一种发展进步之意向同。又曰勉而努努而不勉，与第二种无大异。九仞一篑，说由于不自进取。又曰不勉而努努而勉，较第三种已胜一筹，修养之道宜先努后勉，不努而勉不可也，不勉而努无不可也。与第四种努勉互易而曰不勉而努努而不勉，特表出为第五种，因其意与第四种大不相同，不勉而努既无不可，努而不勉亦无不可，何则？努力之意，有以自己为标准，与以所任之事为标准二种之解释，努力至何程度，可以勉力，此为可研究之问题。窃谓以自己为标准，竟可随努随勉。曾子一日三省，即一日之努力，三次之勉力，属于第一种勉而努努而勉之状况。故第五种所谓努力之程度，当以所任之事为标准，所任之事，如尚不能满意，则努力复努力，而不思勉力以高就，则努力之余地为无限大。国家之中等事业有此性质，以健全之中等人才，营无限大之中等事业，胜任愉快且志趣稳定者始克语此，其价值且在第一种之上。努而勉勉而努者，以自己为标准，为个人发展进步之方法；不勉而努努而不勉者，以所任之事为标准，即以国家为标准，为社会发展进步之要件。宁可努而不勉，不可勉而不努，宁可不勉而努，不可不努而勉。征诸吾国近状，所感如是。

我国之人格

经亨颐

　　尝思人格二字内容解释之难，混沌常说，皆不中肯，试稍注意于至论名言，实无不有人格之意义寓乎其中。如哲学上相反之二学说，所以得并存于一时者，必各有优点，且各优点必均有补于人格，以均有补于人格者而成反对并存之学说，无他，即以人格解释之不同耳。凡自来各学说之分歧，皆对于人格二字解释之不同有以改之，甚矣人格之难言也。而欲明人格内容如何之难，尤不可不先明其内容如何之范围，就人类而言人格，与就国家而言人格，就个人而言人格，其旨不同，试略述之。

　　人格之难解，由于就人类而言；人格之误解，由于就个人而言。"人"字自20世纪始有认识之人，人之所以异于禽兽者几希，初不知所谓几希者之为何物，自理性淘汰之说创，始觉悟人类早已不受自然法之支配，而所以自维其秩序胜于自然法者，无他，即所谓人格是也。试细思之，人类自维其秩序，绝非官吏，亦绝非个人。《淮南子》云："四方上下谓之宇，往古来今谓之宙。"前清制艺常以横览天下、上观千古分为横竖二说，此即酿成人格之要件。彼墨守旧道德，或妄信新文明，以为人格由各个人自造自尊，社会无论如何变迁，而我之人格决不改易，时世无论如何改革，而我之人格决不变通。此犹未明就人类而言人格之真义，与所以酿成人格之要件。时论且有以张勋复辟，始终主张，尚不失其人格者，是即就个人而言人格之误解。余特于人类个人之外，又有所谓就国家而言人格，冀有以补助就人类而言之难解，并欲纠正就个人而言之误解。

一国有一国之特色，即一国有一国之人格。自近今国际日益密接，国家固有之特色，难免渐次消失，不可不防。犹之社交日益密接，家风之特色递亡。余决非极端倡固守国粹之说，吸收他国之长，所以补我国之不逮，处今日竞争时代，关于国家进步发达，诚不容缓。所顾虑者，受他国之感化影响，而我国之所长，固有之特色，任其沦亡而不顾。近年来留学或游历外国，归而满腔热忱思有以匡救祖国者，固甚可佩，唯有一点余所不敢赞同，归自某国者必欲将祖国造成某该国，绝对的以某该国为模型，事事无不以某该国为前提。要之人人各仿某该国，舍本逐末，主张不一，而祖国必将不国矣。可不思哉，我国虽贫弱，物质文明之进步固不及欧美诸国，而精神上则有世界所无之特色，不可不珍重保持。余特取题曰：我国之人格，意在保持国有之特色，同时吸收他国之所长，就国家而言人格，万不可误解也。

慨自欧风东渐，以道德主义为虚悬，而盛倡实利主义，以家族主义为拘囿，而极吹个人主义，孰得孰失，固不可以一例论。夫实利主义与个人主义何自昉，一国之大人民之多，各自之能力与生活必不能恰合，以式表之：

$$>$$

$$自己能力 = 自己生活$$

$$<$$

　　必有此三种情状。假使人人之自己能力均等于自己生活，吾知实利主义、个人主义亦无劳提倡，唯其有自己能力小于自己生活，故不得不倡个人本位、实利主义以救济之，彼依赖先之财产而生活豪大，其自己能力何堪维持，与穷民不能自食，同为国家之病，处今日而倡个人本位实利主义，亦不谓非当务之急。然此不过一种之急务，绝非唯一之急务，不过现状之急务，绝非根本之急务。而我国思想上唯一的根本之特色，却与实利主义个人主义相抵触，所谓道德主义与家族主义，合而为团体主义。凡事不以个人为本位而以团体为本位，此实我国特有之一大所长。家族主义，时人多以为不可，为儿孙作马牛，害其儿孙失却实利的发展之自动能力，固是至论。然诚不为儿孙着想，为为父母者着想，为家族而为父母，克尽其为父母之义务，决不仅逞其为父母之权利。自此思想演绎之，为国家而为国民，克尽其为国民之义务，决不仅持其为国民之权利，为国家而为官吏，克尽其为官吏之义务，决不仅保其为官吏之权利。与夫为自己而为父母，为自己而为国民，为自己而为官吏，其价值何啻天渊。今日之为父母者，徒知逞其为父母之权利，为国民者，徒知持其为国民之权利，为官吏者，徒知保其为官吏之权利，远不如从前之父母，从前之国民，从前之官吏，谓非已受个人主义之害而何？盖个人主义以权利为先义务为后，团体主义则以义务为先权利为后，为父母者若仅逞其为父母之权利，则儿孙以不平之感酿成个人本位之思想，表示不依赖父母以自谋实利，发展个人之能力。此思想中马牛之不屑为无待言，特想对于父母终养之心亦与之俱去，可谓由家族主义之弊引起个人主义之弊。家族之中父为父子为子，天伦之情趣荡然，一国之中尔为尔我为我，凡事为自己权利而为之，非为团体义务而为之，即如教师，为自己权利而为教师，与夫为学校义务而为教师，教育之效果何可同日语也。

近自欧战发生以来，泰西各国已觉悟个人主义使国家不能团结，对敌大为不利，而我国徒以国民分子不健全不发展，极端的提倡个人本位主义，未得实利之效，已见利己之弊，此余所痛心者也。家族主义且无知己之弊，为儿孙作马牛，明明非为自己，待儿孙享幸福，自己无与焉，故为儿孙作马牛亦无非为家族尽义务耳。有为父母者为家族尽义务之家族主义，与为儿孙者为自己图权利之个人主义，关系于国家之进步孰轻孰重得此失彼，尚待研究，至若一般人民之于社会，官吏之于国家，直可断言，个人主义弊多而利少，况乎我国思想根本上本为团体主义，不若欧美诸国家素持个人本位，张冠李戴，体用相歧。近来我国交通便利之处，各省垣所谓首善之区，个人主义比较的发达，同时团体主义无形的消亡。乡间聚族而居，如宗祠祭产，皆极好之团体精神。杭州不见有一宗祠，未闻所谓祭产，交通与文化、首善与国粹、世道与人心之得失，大可研究。又如雇用佣工亦有此种情形，杭城雇工例须经中人手续，月给若干，例事若干，双方契约的说定，佣工与佣主彼此断断成立于权利二字之下，佣主但以佣工多动作为权利，佣工但思佣主多给资为权利。而事实上适相抗触，唯有彼此确守契约，佣主决不多给一分权利，佣工决不多尽一分义务。欧美诸国大都如此，吾国如繁盛商埠都会亦有此风。余居杭数年，佣工皆雇自乡间，较诸经中人来者大不相同，无他，经中人来者，个人主义之思想渐发达，我为自己权利而为佣工，非为对于佣主尽义务而为佣工。如戏剧中一捧雪、九更天等老仆，今日不可复见。此等老仆，绝非为自己权利而为佣仆，为对于佣主一家团体而为佣仆，主仆之间有特别一种情谊，犹之家庭父子之间有特别一种天性。推之国家人民之间有特别一种人格，其价值绝非微小也。

团体主义与个人主义，各有长处亦各有短处，余决不极端反对个人主义，固守团体主义，仅反对个人主义之弊，而维持团体主义之利，并欲将团体主义之利与个人主义之利相结合，我国之人格即在此。反之以团体主义之弊引起个人主义之弊，事实上已数见不鲜，不可不共同警戒者也。夫个人与团体本为一物，所谓个人主义之利者，即积极的个人主义，个人发展的形成其团体。所谓个人主义之弊者，即消极的个人主义，离间的破坏其团体。以图示之：

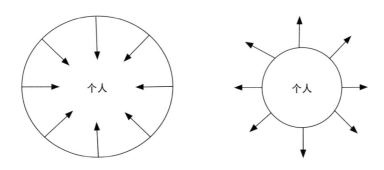

譬之粉与糊，左图个人各离间的，即但知利己，如粉末然，一经倒地不可收拾。右图个人各发展的相互而成社会团体，如糊浆有一种之黏性，国家社会万不可无此黏性。我国数千年之古国所可虑者，陈糊宿浆恐将失其黏性，欲此陈宿之糊浆增加黏性，固非加个人主义之粉末不可，但切不可忘却团体主义之水液，不然何益？我国固有此种最好之水液，留此水液而再加以新粉末，则黏性大增。余尝论吾国固有之道德，哲学的基础之特色为一天字，伦理的基础之特色为一孝字，语之诚者天之道也，思之诚者人之道也。此天字之意绝非神本主义而为人本主义，即以个人之是非听诸团体之意，诚字可包括一切人格之要件，不可就个人而言人格，须知有个人形成人格。数学上面积之最大者为圆，人格之最完成者为天，即一诚字，各个人则为最完成人格大圆中之无数小圆。例如下二图：

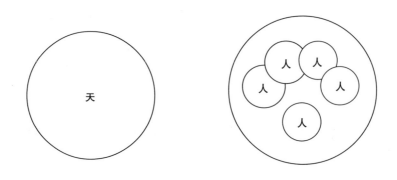

左图仅一圆，面积之最大者圆之道也，相当于诚者天之道也之意。右图各个人之小圆，思有以发展，如物理学上波面波线之原理形成一大圆，各个人不遗余力秉其至诚以形成人格，即思诚者人之道也之意。夫天道即抽象之人道，人道即具体之天道，天之圆与人格之圆一而二、二而一也。吾国天之哲学的基础思想为最好之团体精神，且不得谓此团体精神中无个人发展之意，否则无所谓思诚也。又如伦理的基础之一孝字，孔子答孟武伯之问曰："父母唯其疾之忧。"其意谓不使父母忧及疾病以外之生活一切，即为子者能个人发展，疾病以外不贻父母忧，斯即是孝。子对于父母谓孝，父母对于子谓慈，即父母个人、子个人间之团体精神，此皆吾国固有之道德，本以个人发展而成团体精神之证。至今日团体精神中个人发展无力，故将失其黏性，不可不采取新个人主义以补救之，唯万不可不保守其固有之团体精神，双方舍其短取其长以相结合，即我国之新人格，以式表之：

$$团体精神 + 个人发展 = 人格（1）$$

凡人格之内容，即就人类而言，亦不外是，而余特表之曰我国之人格，非内容性质之不同，为内容新旧之不同。西洋之人格，以式表之，上边两项宜易书为：

个人发展＋团体精神＝人格（2）

两式有何区别？性质上全相同，所以不同者，（1）式即我国以团体精神为固有之旧道德，（2）式以个人发展为前项，适彼此互易。西洋近来新倡之洽善说、具体普泛的良心说等，皆自觉个人主义之弊致力于团体精神，所谓具体即个人发展，所谓普泛即团体精神，可知西洋之人格一方面自保其旧，一方面且取我国之旧以为新。我国何可自舍其旧，仅取其旧以为新？新旧观念之不明，实为我国近今思想根本上之病，其原因实由误解一新字，以为非去旧不可以生新，此何人一般袭外国皮毛者恐不得辞其咎，其结果一方面属行去旧生新之手段，无怪乎他方面引起仇新守旧之反动，将新旧截为二物，而人格乌以成？试细思之，宇宙间竟无绝对新生之物，据物质不灭之原理，物质界之所谓新无非运动变化，万物生于土归于土，新旧循环而已，本无谓新。至精神界依理性发展之特色，诚有所谓新，唯所谓新者绝非去旧生新而为仍旧增新。今日我国人格之要件，即在以仍旧增新四字，调和去旧生新与仇新守旧相反对之二种心理，并以合世界一般人格之形成。物质界以运动变化而后有新，即以异处之旧与旧相结合而为新，推之人格亦无不然。所谓我国之人格者，即：

我国旧有之团体精神＋西洋旧有之个人主义＝我国之新人格西洋之人格，即：

西洋旧有之个人主义＋我国旧有之团体精神＝西洋之新人格其一般之形式，即：

本国之旧道德＋他国之旧道德＝新人格

总言之，就人类而言，人格本无所区分，第就国家而言，人格不无稍异，不可不注意也。

人生的诱惑与青年修养

经亨颐

今天承夏先生邀我讲演，知道本校每逢星期六晚上，有一种课外讲演会。这会的主旨在于辅导学生，我非常赞成。且因在校之时不多，得与诸君谈话机会也少。现在虽则身体不好，很愿意来讲，不过今晚所讲的是一个很普泛的问题，我觉得近来青年修养，很有问题！有什么问题？

诸君当然是青年，我虽年纪稍大，也自认为青年。但近来于"青年"二字之上，为什么再加一个"新"字。"新青年"的对面，就是"老顽固"。这两个名词，已成为牢不可破的对待名词了。我前次过上海遇到旧同事陈望道先生，又听到一个很奇怪的名词。他说："我现在不敢与一般新青年讲话，所以和他们不接触了许久，现在他们竟赐我一个徽号，叫作'新顽固'！"我听了他的话，大为感触！我想诸君对于陈先生或许知道一些，他对于各种问题，都有研究，都有贡献。《民国日报》里的《觉悟》栏，时常有他的意见发表，也可算提倡新文化很有成绩的人。现在一般新青年，加他这样的头衔，并非陈先生的思想上有改变，或者在讨论上加以一种相当的制限，一般急进的青年，就因此歧视了。

　　环境与人生是很有关系的，而且很容易被他诱惑，这种诱惑，到处都有。乡村有乡村的诱惑，如绅士、少爷等种种恶劣的风气；商场有商场的诱惑，如上海有流氓、拆白等坏习气；都城有都城的诱惑，如北京有腐败官僚气。你们青年，偶有不慎，便是被他诱惑。在乡间，就于不知不觉之间，养成一种绅士气；在商场，便与流氓同化；在都城，即熏染腐败官僚气。这便是被环境诱惑了！假使平日很有修养，可以静眼观察，非但不致被环境同化，简直可以利用环境。在都城是政治的中心点，便可以研究许多政治的知识；在商场是交际很好的场所；在乡村可以涵养幽美清静的趣味。扩而大之，以世界为所在地，在门户开放的环境当中，诱惑自然更加复杂了。什么社会问题呀，男女自由恋爱问题呀，资本革命呀……种种很有价值的问题，假使在迎受的时候，没有彻底的研究，那么便以自由恋爱为兽性冲动时可以假为泄欲的唯一美名词，遂使老生辈骂谩，视为禽兽行为。资本家对革命以及共产，误以为人家的钱拿给我用，可以不劳而食。种种很好的问题，遂被这一般人弄糟了。

　　我有很好的一个例子来比方这一件事。中国人的吃小菜，素来讲究，颇负名于各国。请客一席，美酒佳肴之多，那更不消说了！总计分量，定是数倍于胃之容积。终以美味进口，遂拼命大嚼。口是快乐，无如胃苦痛了！所以中国人有胃病的很多。至于外国人，正与我们成一个反比例。他们所吃的东西，尽有初食不适口的，而入胃以后，就能消化营养。所以同是吃东西，一方面能够惹病，一方面能有益于身体，这完全由吃的人是不是被诱惑，就可断定。现在的新青年，在偌大的一个环境之中，什么问题都是蜂拥澎湃而来。男女问题，可比美酒；社会问题，可比佳肴。此时正如将美酒佳肴杂陈在我的面前。假使我因为饥饿，只管吃的时候的滋味，狂饮大嚼，到那喝得烂醉，吃得胃胀的时候，到底他人也不能为你负责任了。总之，以胃为单位，胃能容积多少，口就吃多少，以口服从胃，便是有益无病。反之，以胃服从口，因为味美，尽量吃下去，不管胃胀，便是无益有害。读书也要以胃为本位，不可以口为本位，就是教师给你们学生知识，也是如此。你们饿了，吃是应该给你们吃的，好的也该给你们吃些。但是不能够因为你们要吃、好吃，就给你们尽量吃下去，不管吃下去以后会不会成病，没有顾到，是不好的，本校教师和你们很接近，所以时时刻刻通知你们，指导你们，是以你们的胃为标准，不以你们的口为标准。如以你们的口为标准，那么任听你们滥吃，其结果一如食物犯胃病，所以新青年多半犯精神病。民国八年的时候，我在杭州首先发起成立一个学生自治会。但是结果，和我的宗旨相差太远了。可以说是教师不负责任，就是任听他们滥吃，完全不对的。所以我很希望将来在白马湖，成立一个春晖中学校理想的学生自治会。本校的教育方针，当然不以教师为本位，是以你们学生为本位，就是任你们要吃的一定给你们吃。但是以学生为本位，又要分为以学生的口为本位和以学生的胃为本位。本校是以学生的胃为本位，不是以学生的口为本位的。就是要吃坏的，吃得太多不好的，应当很诚意地通知你们。这是我今天特地郑重声明，你们要记着！

人生对待的关系

经亨颐

自然界一切现象，都是一个"力"字的变化。你给我多少力，我也还你多少力。科学的人生观，不外应用这个原则。你给我一分助力，我也应当报答你一分助力，无论对家庭对社会，都是人和人的关系，家庭社会给我多少助力，我也要存如何相当报答，这就叫作对待关系。

我近来觉得最困难的事，是对青年说话。青年的人生观，因为没有受过刺激，和他说种种利害关系，结果错听了一个利字，忘却了一个害字，我所说的意思，全然没有了解，实在觉得教育可能这句话很没有把握。我今天和你们讲人生对待的关系，绝不是寻常的演讲，来敷衍一次。我为了今天要讲，已经想了好几天，讲什么东西好？先拟定一个题目是"我为青年前途虑"，又换了一个题目是"青年思想上的弱点"，我紧要的意思，觉得你们现在这种懵懂的态度，实在使我着急，我终想恳切地说得使你们有点觉悟，"得福不知"，只有欲望一步一步增高，将来如何得了！

我们中国人最喜欢一个"福"字。照墙上面大大地写着这个字，什么福禄寿三星，福是居首，还要用塑像或图画来表演，是面团团三挂长须的一个人。我想这个人的样子，实在不可思议。普通称赞人"好福气"，细绎他的意思，无非现成吃现成着，无忧无虑地过日子。还在武人不战而功的叫作福将。唉！现今社会上当真容得了这种人吗？一个"福"字可以解说得人生不讲对待关系吗！

权利和义务，快乐和苦痛，是人生最简明的对待的两件事。我就用这两句话来说明人生对待的关系。先要约略引一段浅近的伦理学说：就是乐天说和厌世说。乐天说以为人生前途，是快乐增加苦痛减少，厌世说反之，以为人生前途，是痛苦增加快乐减少，这两种学说，却是都有理由。详细的论证，现在你们的程度，且不必多讲。总之这两种人生观，和事实都不对的。事实上快乐增加苦痛也同时增加，权利增加义务也同时增加。就把一个"人"字写在这里，两脚可无限地延长，两脚距离可无限地增阔，表示人生前途复杂，事情无限地增多。但这个"人"写在板上有表里两面，表面作为是快乐是权利，里面是苦痛是义务，或表面作为是苦痛是义务，里面是快乐是权利，没有关系一样的。就是两脚距离多少阔，快乐和苦痛，权利和义务，一样的阔。现在的人生，比从前两脚底距离，阔了不少，可是快乐和苦痛，权利和义务的关系，仍旧是一个常数。以数学式表示出来，就是：

$$\frac{痛苦}{快乐}=1 \qquad \frac{义务}{权利}=1$$

分母大分子也大，十分之十也是一，千分之千也是一，所以叫作常数。本着这个意思来说明人生一切关系，就是处处都是对待的。现成享福，本来是不可能的事。"福"字的定义，莫名其妙，没有人说过。我现在把他下一句定义，"福"是无对待关系的权利、快乐，人生事实上断没有的！那么我要警告你们，"得福不知"是人生最大的毛病，而且是最大的危险吓！

近来盛倡新文化，我也算竭力鼓吹的一个人，现在看看觉得都是错听了一个利字，忘却了一个害字。影响于青年的，只有单面的权利和快乐，实在是很不妥当。养成了这种习惯，到社会去只要权利，只要快乐，天下哪里有如此便宜事。我给人们一分快乐一分权利，人们才肯报答我相当的快乐和权利，而且往往要缺些，这叫作势利，倘若我给人们一分苦痛一分义务，人们所报答我的苦痛和义务，断断不至一分，这叫作险恶。我是亲身受着过的，你们是否必须受着了才觉悟！何况听我这一番话，先把对待关系的观念，放在脑里，无论对家庭、对社会，都要有这个预备，才可以说自立，而且要提早自立！

家庭本是天伦之乐，何以也说对待关系？要知道家庭是人生关系的起源，天性这句话或是有的，但绝不是绝对的。"慈"和"孝"有时也可认为对待关系。现在一般急躁的青年，盛倡什么脱离家庭，这太不自量了。其原因无非对家庭"予取予求"不能满足，发生了这种危险思想，我认为青年自己没有明了对家庭也有对待关系的缘故。家庭中的对待关系，不是我现在新倡的，从前极旧的旧家庭，本有这种形式。不过时间的远近，时间远对待等于不对待，做儿子的大受便宜。"养儿防老"就是要等儿子的报答，但等儿子可以报答，父母死了，所谓"本欲静风不止，子欲养亲不留"，无非一场空悲感。倘若养儿不防老，为父母的所以培植子女，是否不要报答？是的。不要我报答，就认为当然，这就是人生不明对待关系的起因。防老的一句空报答没有，就是今后家庭中的对待关系，比从前不同了，比从前迫近了。未能自立以前，家庭不能不依赖的，不可认为当然权利当然幸福，如何提早自立，也就是报答的动机。

对于社会，更要分明。社会上公益事业，我现成享受，也不是当然的。例如这个春晖学校，是社会上的一件公益事业，故陈春澜先生对社会做这件事。你们虽不是直接接受陈氏之赐，以为一样纳学费纳膳费，而且听得陈氏不肯续捐办高级中学，不免有些不满意，并春澜先生所捐二十万元，也是事半功无。前几天春社公祭，叫你们去一同行礼，我看你们的态度，很有勉强不随意的样子。这也是幸福当然的观念，责人太过，很不应该的。陈氏后裔不愿续捐，是另外一件事，我们对于这位故春澜先生是应当永远表示感谢敬仰的。你们算算看，这个学校，连开办费经常费，每年消耗不下二万元，平均每一个学生，要享到二百元以上的权利。你们现在在此读书，一部分受家庭帮助，一部分间接受陈氏直接受社会之赐，岂可不满足，好得更欠好，试问你们有什么特权呢？这几天校外周围，农夫种田，何等忙碌，何等辛苦，你们住在这个高大的房子，电灯燃得很亮，到底农夫为什么要种田？你们为什么能读书？其中对待的关系，你们不能够说，至少也该想一想。人生"不劳而食"的原则，在农民丝毫无愧，我听得他们叱牛的声音还有些不应该。你们呢？我呢？如此想一想，觉得为社会做事是报答不尽的了。对于公共事业，应当如何爱护，一草一木，一器一具，真是应当比自己的东西更要宝贵。但我常常留心你们的举动，玻璃窗打破不少，虽不是故意的，如能加意爱惜保护，终可以再减少些。如其本着单面权利快乐的思想，幸福当然的观念，那是我简直说，不配做今后的新青年！

受过教育的人，没有别的。就是人生观要比较明白些。但我近来觉得教育上很好的动机，很好的名义，都生出了错误的结果。学生自治一端，我批评一句，现是归着单面权利快乐，无条件的发展，如此情形，绝非青年之福。因为这条路是人生对待原则所走不通的。社会团体，是人和人对待关系的结合，这团体才是有力。现在一般青年，只知道群众万能，团体努力，终是莫大的，好依赖的好利用的，空空洞洞的公民大会，你们看有没有什么结果。要将未明了人生对待关系的人们，来组织团体，才有用才有力。不受教育的人，倒有一种固有的观念，我觉得近来社会上越是贫苦的人，很充满了对待关系的思想，他们是苦痛义务负担得多。受过教育的好像知识是享受权利快乐的工具，这是大错特错了。所以我说很好的动机，很好的名义，都生出了错误的结果，这是我自居教育者的资格，说一句忏悔伤心的话。今天我很郑重地警告你们，希望春晖里我直接负责的最关切的学生，将来出去社会上做事，顺顺利利不受打击，现在对家庭对学校欢欢喜喜不生烦恼。今天讲演一番话，全体或不能了解，至少记着一个题目，就是"人生对待的关系"，随时再来问我，或做了文章来为你们修正，我都非常愿意的。

人生训练之必要 ①

经亨颐

我早欲和你们讲话，但因近来精神不好，没有讲话的兴趣，日事学画消遣。今天适值五夜机会，例有演讲，我将有远行，以临别赠言，来充一次台。

今天所讲的题目，为"人生训练之必要"。首先希望注意人生二字，是人生训练之必要，不仅是学生训练之必要。本校学生近来有一种不好之现象。我并非因此又要来打几句校长官话，你们也不要听到训练二字是限于学生，是什么压迫、专制等的化名。今天一堂在此坐着的，原是学生和教员，我想最好不要拘定这个名称，因为学生和教员这两个相对的名称，近来觉得有些心理传误不好的地方。无论如何，我们年纪大，社会情形也熟悉些，一切事情比你们经验得多，黍为先辈，你们是后辈，彼此以这样关系来说话，范围比较的宽大，所以归着训练之必要，是人生全体的，不仅限于学生。我今天说话，第一层重要意思在此！你们不必说些什么时髦

① 经子渊先生讲，蒋径诩记。

话：学生是主体。主体什么？就是训练的主体，别的事情，你们无所谓主体与不主体。春晖由我办了四年，一切事情，我终负责的，所聘教员，都是你们的先辈，而我矧足以自慰的。

我今天所要讲的，可以分为三层。第一层，你们就当作校长官话听，什么严格主义，什么束缚自由，总而言之，我如果真是压迫、专制，也不来对你们三番四复地解释和开导了，我要怎样就怎样做好了。所以如此舌敝唇焦地来和你们说，终要训练的效果，从觉悟的基础上收得，能如此，无论任何严格即是亲爱，无论如何束缚即是自由。凡人最不愿受他人支配，同时相反的凡人无不想支配他人，这两句话实在自己撞着得厉害，只准我自由浪漫，决不受人支配，这种观念，我极不赞成。就是主张自由浪漫的人，也不能自己赞成，为什么呢，理想的生活，是永赞永不成的！本校现在所抱方针，决不唱高调，主张什么理想教育，自由生活，简单一句话，有训练的人，于将来社会有用，无训练的人，于将来社会无用！我希望造就于将来社会有用的人，有一定方针，我主管一日，决不变更一日。你们如终究不听我的话，尽可不要来这里吧。

我第一层所讲训练之必要，概括起来，无非希望全校师生都要开诚相见。你们学生，对于校里不可生猜忌心，诸位先生也应该原谅学生。偶有不合，爽爽快快训了几句，什么政客式的疏通、道歉，近来盛行于学校中的，实在是不成为教育！认学生为后辈，无事不应原谅。学生做错了一件事，说错了一句话，无论无意识有意识，概予以原谅，无意识或有意识，不过训诫的方法不同，但原谅的境界也有的。就是同一做错的事，说错的话，第一次经过，第二次第三次又来，那是不行了，不是有意捣乱，定是执迷不悟，不足教诲，你们要以一而再、再而三的手段，想动摇本校的方针，迁就学生，这是不可能的！我忝为校长，不得已多说些话，嗣后最好使我少讲这种话。以上不过是我今天要讲"人生训练之必要"三层意思的第一层，可以当作学生训练之必要看。再讲第二层。但是根据伦理学来说，你们现在的程度恐怕有许多不懂。人类是训练的动物。起居饮食，已经大大受了束缚，不如飞鸟游鱼。这种所受束缚，就是告诉我们训练之必要。自然何尝自然！譬如林木，细细看去，一枝向东，一枝向西，第三枝非向南北即必向上，因为第三枝受其他二枝环境的支配使然，那里有绝对的自然。你们到过普陀吗？那边树的形状如帚，依风生存所以如此。树对人或者还称为自然，树对于风，真正不能自然了。这些思想，你们原能理解的，自然界尚不自然，何况人类，何以人而不如自然乎？伦理是什么，就是支配社会的思想，最近的伦理思潮，简单地说是如此，连反伦理思潮，开倒车的人生观，是不是青年所应走的路？现在的社会坏极了，因为嫌恶现在的社会，就把社会根本否认，发生个人浪漫自由的自由来，我屡见不一见了，可叹这一辈子的人，实在是意志不强，流为消极了，不能认为青年的模范！

我要讲的第三层，就是看透现在如此坏法的社会，更不能不讲训练个人，去应付他，改造他，我敢断言，今后社会，必要支配于有训练的团体精神！有强固的基础，方才可以保存他的庄严，继续他的生长，否则，好比茅屋为西风所破，乱蓬蓬地吹到半天，还说什么浪漫自由，随遇而安，聊以解嘲，岂不可笑！

现在的社会，背后黑云弥漫，惨雾朦瞳……现在所认为最有纪律的是军队，我以为最靠不住的，也是军队，以为他们的训练，真是专制、压迫的。回顾我们各学校的学生，现在没有纪律，没有训练，无可讳言。但我总料想现在最有纪律的恐怕不久最无纪律的是军队，现在虽无纪律希望将来很有纪律的唯学生，唯学生！可使由之不可使知之的训练——军队的训练——他们略有觉悟的军阀，已自认为不可恃，行之非艰，知之维艰的训练——教育的训练——我们稍明时局的青年，应共认为唯一要义才好！最后我要从团体训练顺便谈谈学生军的话：近来各处学生会自动的提倡得很起劲。我也是赞成之一人。我先要说破一句话，学生自愿发起学生军，学校当局也很赞成这件事，恐怕两下目的不同吧。在学生方面多半是好新，因为枪操久不操了，在学校当局，因为趁此可以约束学生，利用军律二字，想来整顿校风，与其将来误会，不如现在说个明白。我对学生军这件事，很希望他成功。但是不容易成功的，第一点真的编成为军，至少要预备弹子从前胸穿过后背仆地而死，学生中办得到的有几个？你们自己或者有这种血气，但是你们的父母能答应吗？如其假惺惺地出出风头而已，那么，这种学生军，应特地声明，是不能实用的学生军，到底骗谁？第二点军阀当局，万不肯批准，万不肯拨枪械，徒手的学生军，也同是不能实用的。还早，还早，这两点都是很难的。现在一般为父母者，抱着入学校本是弃武尚文，何以反要当兵了。并不知道什么义务民军和少年义勇团之类。但我的意思，学生军不在乎多，凡学生尽数编为学生军，当然可以不必，那么，志愿的，未必个个为父母者都如此。如其真的办起来，应募的或者不少。军阀觉悟，是人的关系。不觉悟武力必不可恃；觉悟不可恃，或有法可恃。学生军可恃，同时可使其他军队也可恃，能明此义，或者由军阀出来提倡也未可知。还有更难的，第三点，现在学校情形，如此酷爱自由如你们一辈子的学生，假定以上两点都解决了，我不敢说办起学生军来，就有如何成绩。我回忆光复的时候，浙江曾经办过学生军。我亲见种种不肯服从不守纪律的状况。但那时候的学生，比你们现在肯屈服得多呢，尚且如此，现在办起来，弄得一塌糊涂，也说不来。凡事必须有相当的基础，譬如浮沙之上，兴大建筑，如何能成功？我今天谈到学生军，本校预备要办，你们也颇高兴。我郑重地说个明白，先希望第三点能够确定，然后再讨论第一点，第二点，所以现在办学生军，应认为必要的训练焉可！

附　　　　　录

敬悼先生

吊经子渊先生

于右任

白马湖边宅，黄牛峡里舟，苍茫家国愿难酬！留，海上忆同仇。寒之友，风雪卫神州。

悼经子渊先生

夏　衍

　　一代的完人，中国国民党的伟大的先觉经子渊先生，在漫天烽火的抗战中，静静地在上海终止了他斗争的生涯，敌氛未除，哲人云萎，这是何等值得痛悼的事啊！

　　在"五四"的反封建反帝运动中，经先生是浙江——也可以说是整个南中国——革命势力的代表者。他主持的浙江第一师范，和北方的"北大"遥相呼应，不仅以他崭新的世界观，在思想上领导了千万青年，同时还以他凛不可犯的骨气和大无畏精神，领导了南方实践的革命的力量。"浙师"是江南革命运动的摇篮，经先生是"五四""五卅"乃至今日的一切革命势力的保姆。到今天为止，差不多没有一个浙江籍的青年战士（大部分已经是烈士了！）不受过经先生的精神上的熏陶和思想上的影响，单就这一点就够表明他的伟大了。

　　以"五四"为起点的反封建反帝运动，到今天还不曾完成，让我们用继续经子渊先生遗志的誓言，来追悼这赍志而终的先哲吧。

在经亨颐先生骨灰安放仪式上的讲话

廖承志

经亨颐先生 1877 年 5 月 25 日生于浙江上虞自马湖畔。经先生在日本高等师范学校留学的时候参加孙中山先生领导的同盟会，回国后参加了辛亥革命运动。

经先生在五四运动的时候，历任杭州浙江第一师范、上虞春晖中学和宁波浙江第四中学校长。

在中国共产党的倡议下，孙中山先生实行国共合作，提出联俄、联共、扶助农工三大政策，掀起中国第一次国内革命战争。经亨颐先生立即响应，并南下到广州就任中山大学代理校长。经亨颐先生参加了北伐，在第一次民主大革命的关键时刻，经先生是站在武汉政府方面反对蒋介石的。

蒋介石叛变革命后，经亨颐先生以书画金石自遣，同何香凝、陈树人等革命老人组织"寒之友社"，表示在蒋介石政权的凛列寒风下抗拒不屈。

当日本帝国主义侵占东北，觊觎华北的紧急情况下，中国共产党在 1935 年发出《八一宣言》，号召停止内战，一致抗日。经亨颐同宋庆龄、何香凝、柳亚子、陈树人等老先生立即响应中共《八一宣言》，在呼吁停止内战、一致抗日的宣言书上签了字。此后，一直到停止呼吸，他这一坚定立场没有丝毫动摇。

经亨颐先生于 1938 年 9 月 21 日病故在上海。终年六十二岁。

伟大领袖毛主席在 1964 年 11 月 1 月曾说过："经亨颐先生是国民党的左派。"